AF452977

BIBLIOTHÈQUE DE FEU M. CH. MALHERBE (2ᵉ Partie)

VENTE DU LUNDI 30 DÉCEMBRE 1912
HOTEL DROUOT, SALLE Nᵒ 11

# Journaux Illustrés

## PÉRIODIQUES, REVUES, Etc.

Mᵉ ANDRÉ DESVOUGES
COMMISSAIRE-PRISEUR
Successeur de M. Maurice DELESTRE
26, rue de la Grange-Batelière

MM. LÉO DELTEIL & A. LE CORBEILLER
EXPERTS
38, rue de Châteaudun
PARIS

# CATALOGUE

## DE

# JOURNAUX ILLUSTRÉS

## PÉRIODIQUES, REVUES, ETC.

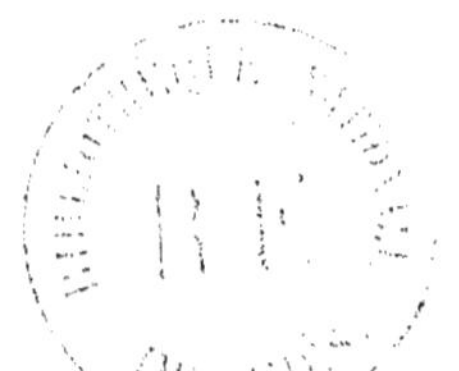

DONT LA VENTE AURA LIEU

## HOTEL DROUOT, SALLE N° 11

### LE LUNDI 30 DÉCEMBRE 1912

*à 2 heures précises*

PAR LE MINISTÈRE DE

## Mᵉ ANDRÉ DESVOUGES, COMMISSAIRE-PRISEUR

Successeur de M. Maurice DELESTRE

26, rue de la Grange-Batelière, 26

ASSISTÉ DE

## MM. LÉO DELTEIL ET A. LE CORBEILLER

MARCHANDS D'ESTAMPES-EXPERTS

38, rue de Châteaudun, 38 — PARIS

# CONDITIONS DE LA VENTE

Elle sera faite au comptant.

Les adjudicataires paieront *dix pour cent* en sus des enchères.

MM. Léo Delteil et A. Le Corbeiller rempliront les commissions que voudront bien leur confier MM. les Amateurs ne pouvant y assister.

MM. les Amateurs pourront visiter la Collection le matin de la vente, à l'Hôtel Drouot, Salle 11, le **lundi 30 décembre.**

**Note importante.** — Devant l'impossibilité matérielle de collationner numéro par numéro, les experts ne peuvent garantir d'une manière absolue l'état complet des exemplaires.

Paris. — Imp. de l'Art, Ch. Berger, 41, rue de la Victoire.

# DÉSIGNATION

1 — **L'Abeille Liloise**. Journal charivárique, universel, artistique et carillonneur. De la 2ᵉ année, nᵒ 46, 30 avril 1848, à la 7ᵉ année, nᵒ 25, 31 mars 1853 (*incomplet*). 3 vol. — **Le Vrai Lillois**, devenu : Le Réveil Lillois, puis le Citoyen Lillois. 1ʳᵉ année, nᵒ 1, 15 mars 1885, à la 4ᵉ année, nᵒ 89, 17 mars 1889. (*Manque plusieurs nᵒˢ*). 1 vol. — **Le Diable Rose**. Journal artistique et littéraire. *Lille*, du nᵒ 1, 2 juin 1872, au nᵒ 35, 2 fév. 1873. 1 vol. — **L'Illustré du Nord et du Pas-de-Calais**. 1ʳᵉ année, nᵒ 1, 27 sept. 1885, au nᵒ 14, 3 janv. 1886. 1 vol. — **L'Album angevin**. Du 13 fév. 1855 à la 11ᵉ année, 14 juill. 1864. (*Manque les années 1856, 1859 et 1862, et quelques nᵒˢ*). 7 vol. — **La Revue illustrée de Bretagne et d'Anjou**, sous la direction de Léon Séché. 3ᵉ et 4ᵉ années, 1888-1889. 2ᵉ vol. — **1ʳᵉ Exposition Bretonne-Angevine**. Catalogue. 1888. 1 vol. — **Le Chat Botté**. *Nantes*. 1871. 18 nᵉˢ. 1 vol. — **Pithiviers illustré**. Nᵒ 1, 25 sept. 1885. 1 vol. — **L'Auvergnat**. Du nᵒ 1, 7 nov. 1867, au nᵒ 14, 16 fév. 1868. 1 vol. — **Les Annales Lyonnaises**. 2ᵉ année, nᵒ 2, 16 janv. 1887 au nᵒ 26, 17 juill. 1887 (*incomplet*). 1 vol. — **Le Dauphiné**. 5ᵉ année, nᵒ 230, 10 mai 1868, au nᵒ 290, 2 mai 1869. 1 vol. — **Le Tartarin**. Organe des enfants du Midi.

Du n° 1, 6 juin 1884 au n° 5, 24 juillet 1884. 1 vol.
— **La Gironde illustrée**, 1ʳᵉ année, n° 1, 6 sept.
1885 à la 2ᵉ année n° 37. 16 mai 1886 (*manque le
n° 12*), 1 vol. — **Journaux locaux.** Combinaison
du journal la Seine. 1885-1886. 1 vol. — **La Ti-
railleur algérien.** Journal littéraire et dramatique
illustré. Du n° 1, 14 nov. 1858 à la 5ᵉ année n° 161,
17 avril 1862. (*Manque quelques n°ˢ*). 1 vol. — **Le
Savoyard de Paris.** Partie illustrée. 1897-1901.
4 vol. — **L'Union Normande.** Partie illustrée. 1894-
1895. 1 vol. — **Paris-Auvergne.** De la 1ʳᵉ année,
n° 1, 19 juin 1887 au n° 23, 20 nov. 1887. 1 vol. —
**Le Manteau d'Arlequin.** Ancien Album d'Angers.
Du n° 1, 21 juillet 1864, à la 2ᵉ année, n° 15, 13 avril
1865. 1 vol. — Ens. 31 vol. gr. in-fol., in-fol. et in-4,
cart.

2 — **Affiches illustrées de Journaux.** Réunion de
118 pièces par Chéret, Steinlen, Ch'oubrac, Guil-
laume, Pal, Merwart. etc., reliés en 3 vol. très gr.
in-fol., cart.

3 — **L'Agriculture Moderne.** De la 2ᵉ année, n° 60,
21 fév. 1897, à la 5ᵉ année, n° 248, 30 déc. 1900. 4 vol.
— **L'Agriculture nouvelle.** 9ᵉ année, n° 411, 4 mars
1899, à la 10ᵉ année, n° 493, 29 sept. 1900. (*Incomplet*).
1 vol. — **La Semaine Agricole.** 2ᵉ année, n° 50,
7 mai 1882, au n° 84, 31 déc. 1882. 1 vol. — **Journal
de la Meunerie.** De la 7ᵉ année, n° 75, sept. 1889,
à la 9ᵉ année, n° 102, déc. 1891. (*Manque les n°ˢ 76, 91
à 93*). 1 vol. — **Le Petit Médecin des Familles.**
1ʳᵉ année, n° 1, 2 fév. 1886, à la 3ᵉ année, n° 143.
23 oct. 1888. (*Manque quelques n°ˢ*). 3 vol. — **Les
Rayons X.** Annales de Radiologie théorique et

appliquée. 1<sup>re</sup> année, n° 1, février 1898, au 27, 1<sup>er</sup> oct. 1898. 1 vol. — **Le Poussin**. Organe des éleveurs. De la 1<sup>re</sup> année, 1883, à la 3<sup>e</sup> année, 1885. 3 vol. — Ens. 14 vol. in-4 et in-fol., cart.

4 — **Album de l'Ile des Pins**, par Léonce Rousset, Th. Bergès et Ch. Pagès. 13 juillet 1878-14 mai 1879. 45 n<sup>os</sup>. (*Manque les n<sup>os</sup> 14 et 15*). — **La Cigale**. Gazette des Arts et des Lettres. *Bruxelles*. Du n° 1, 22 déc. 1867, à la 3<sup>e</sup> année, n° 28, 11 juillet 1869. 1 vol. — **Le Rieur illustré**. *Bruxelles*, 1880-1881. 52 n<sup>os</sup>. 1 vol. — **La Trique**. *Bruxelles*, 1879-1880. 34 n<sup>os</sup>. 1 vol. — **Parigi-Roma**. Anno III, 1885. 24 n<sup>os</sup>. 1 vol. — Ens. 5 vol. in-fol. et in-4, cart., et en feuilles.

5 — **Albums divers**. — **La Légende du Juif errant**. Compositions et dessins de G. Doré. 1862. — **Vieux Noëls** illustrés, par l'abbé Rastier, dessins par Hadol. s. d. — **Album** de sujets rustiques, de Ch. Jacque. 1853. — Vignettes typographiques, attributs, mélanges, armes, médailles. Fonderie-typographique de Deberny et C<sup>ie</sup>. — **Repaires de Gueux**. Eaux-fortes de X. Le Sueur. *Ex. Japon*. — **Perhinderion**. Revue d'Art par A. Jarry. 2 fascicules (*3 ex.*) — Ens. 8 albums in-fol., cart. et brochés.

6 — **Albums divers**. — **Album du Figaro**. 2<sup>e</sup> édition. 1875. — **Le Masque de Fer**. Echos illustrés du Figaro. 1878. — **Album de l'Intransigeant**. L'Aïeul. — **Album du Rappel**. Biographies. Portraits, 1870. — **Album du Monde Élégant**. Services Maritimes. 1874. — **Publications de la Vie Parisienne** : Les Coulisses de l'amour ; Elégances parisiennes ; Étu-

des sur la toilette ; Fantaisies féminines, etc. 8 albums.
— **Noël Joyeux**. Album du Gil Blas. 2 ex. — Ens.
15 albums, brochés et cart.

7 — **L'Alsace**. Journal illustré. Du n° 1 (6e année),
5 janv. 1884, à la 7e année, n° 28, 11 juill. 1885.
80 nos. — **Le Petit Strasbourgeois**. 1re année 1886,
nos 1, 5 et 6. 3 nos. — **Le Tam-Tam**. *Rouen*, 1867-
1870. 144 nos. (*Manque les nos 2 et 65*). 1 vol., demi-
rel. — **Le Chant Huant**. *Bordeaux*, 1892-1893.
37 nos. — **La Mouche Clermontoise**, 1867. 26 numéros. — **L'Ancien Guignol**. Journal politique, satirique, hebdomadaire et illustré. *Lyon*, 1882-1885.
180 nos. (*Manque les nos 1 à 11, 13, 14, 104 à 111,
116, 144, 152 et 171*). — **Le Furet Troyen**. 1868.
18 nos. (*Manque le n° 3*). — **Belphégor**. Journal du Centre. *Moulins*, 1868. 19 nos. (*Manque les nos 1 à 4, 9,
16 et 17*); Nouv. série. *Paris*, 1869, 3 nos. — **Turlu-
tutu**. Journal hebdomadaire illustré. Directeur :
V. Collodion. *Moulins*, 1868. 9 nos. — **Seine-et-Oise**
illustré, 1886-1888. 101 nos.

8 — **Les Annales Politiques et littéraires**. De la
2e année (2 semestre), n° 68, 12 oct. 1884, à la 19e
année (1er semestre), n° 922, 24 fév. 1901 (*Manque
du 2e semestre 1885 à 1893 inclus*), et de la 27e année
n° 1332, 3 janvier 1909 à la 29e année, n° 1448, 26 mars
1911 (*Manque 2 nos*). 17 vol. — **La Revue Encyclopédique**. 1re et 2e années, 1891 et 1892. 2 vol.
— Ens. 19 vol. en numéros.

9 — **L'Aigle**. Journal non politique paraissant tous les
dimanches. De la 1re année, n° 1, 30 déc. 1855
au n° 50, 2e année, 7 déc. 1856. — **La Célébrité**

industrielle, artistique et littéraire. Revue biographique universelle. n° 1, 10 août 1856.— **Le Parisien**. Du n° 1, 18 oct. 1856 à la 2ᵉ année, n° 4, 24 janv. 1857. 15 n°ˢ. — **La Voix des Écoles**. Union littéraire. Du n° 1, 21 fév. 1857 au n° 16, 7 juin 1857. — **Béranger**. Du n° 1, 20 sept 1857 au n° 21, 2ᵉ année, 7 fév. 1858. — **La Fronde**. Revue de la littérature et des Beaux-Arts. n° 1, 24 sept. 1857. — **L'Harmonie**. Journal de l'époque. Du n° 1, 22 nov. 1857 au n° 10, 27 déc. 1857. — **Cadet-Roussel**. Journal non politique. Aug. Roussel, rédact. en chef. Du n° 1, 21 janvier 1855 au n° 12, 8 avril 1855 — **Le Jehan-Frolo** non politique. n° 1, 12 déc. 1858. — **Paris-Journal** (devenu : **Paris-Journal illustré**. Du n° 1, 16 avril 1859, à la 2ᵉ série, n° 11, 10 sept. 1859. — Ens. en 2 vol. in-fol., demi-rel. (*Collections complètes*).

10 — **L'Anti-Clérical**. Rédacteur-directeur : Léo Taxil. De la 1ʳᵉ année, n° 1, 24 mai 1879, à la 4ᵉ année, n° 267. sept 1882 (*incomplet*). 5 vol. — **L'Album anti-clérical**. Dessins comiques de Pépin, sur le texte de Léo Taxil. 1 vol. — **La Ménagerie Républicaine**. Texte par Léo Taxil. Dessins de Barentin. 1 vol. — **L'École du Peuple**. Du n° 1, 14 oct. 1860 à la 2ᵉ année, n° 67, 19 janv. 1862. 1 vol. — **Le Droit du Peuple illustré**. Rédacteur en chef : J. Amigues. 2ᵉ série, n° 1, 9 nov. 1879 à la 3ᵉ série, n° 64, 16 janv. 1881. 1 vol. — **La Guerre aux abus**, par Francis Laur. Du n° 1, 23 oct. 1890 au n° 52, 22 oct. 1891. (*Incomplet*). 1 vol. — **La Sociale** 1ʳᵉ année, n° 1, 12 mai 1895, au n° 30, 8 déc. 1895. 1 vol. — Ens. 11 vol. in-4, cart.

11 — **L'Armée illustrée**. Revue bi-mensuelle des Armées de Terre et de Mer. De l'orig., n° 1, 1er mai 1899, à la 3e année, n° 72, 26 janv. 1901. 4 vol., *couv. conservées*. — **Le Monde militaire**. Journal hebdomadaire illustré. De l'orig., n° 1, 14 oct. 1883, au n° 9, 9 déc. 1883 (et **La Vie Militaire**). De l'orig., déc. 1883, à la 2e année, n° 31, 2 août 1884. 1 vol. — **La Vie Militaire**. Publication hebdomadaire. Directeur: Paul Ginisty. Du n° 1, 6 nov. 1887, à la 7e année, n° 141, 30 avril 1892. (*Manque les n°s 19 à 49 de la 1re année et quelques autres n°s*). *En feuilles.* — **L'Ami du Soldat**. Journal hebdomadaire illustré de l'Armée. Du n° 1, 12 avril 1856, à la 2e année, n° 84, 15 nov. 1857. 1 vol. — **L'Armée illustrée**. De l'orig. n° 1, oct. 1857, à la 2e année, 30 déc. 1858. 1 vol. — **Carnet de la Sabretache**. N° 1, janv. 1893. 1 vol. — **Annuaire** illustré de l'Armée Française, par Roger de Beauvoir, 1890. 1 vol. — **Le Journal du Soldat**. *Partie illustrée*. 1893-1895. 1 vol. — **Le Soldat**. *Partie illustrée*. 1895-1898. 2 vol. — Ens. 13 vol. gr. in-fol., in-4°, in-8°, cart. et demi-rel., et en feuilles.

12 — **L'Art Contemporain**. Peintres et sculpteurs. 1880. 2 vol. — **L'Art en France**. 1895. Par Ch. Yriarte. 12 fascicules. — **Les Beaux-Arts illustrés**. Journal hebdomadaire de l'Art et de la Curiosité. Directeur: Alfred de Lostalot. Seconde série, 3e année, n° 1, au n° 45 (1879). 1 vol. — **L'Art ornemental**. Du n° 1, 1re année, 3 fév. 1883, au n° 114, 3e année, 4 avril 1885. 1 vol. — **Exposition des Beaux-Arts** (Salon de 1880). *Paris Baschet*. 1880. 1 vol. — **Le Salon**. Journal de l'Exposition annuelle des Beaux-Arts. 1re année, n° 1, mai 1880, au n° 12, juillet 1880. 1 vol. — **La Presse**. Suppléments consacrés au Salon.

1882. 1 vol. — **Bulletin des Musées.** Revue mensuelle. 1er vol., années 1890-91. 1 vol. — **L'Imagerie d'Art.** Journal d'instruction populaire. 1893. 1 vol. — **Le Progrès artistique.** 1882-1885. Numéros dépareillés illustrés. 1 vol. — 11 vol. in-fol., in-4° et in-8°, cart. (1 en livraisons).

13 — **L'Art Français.** Revue Artistique hebdomadaire. Texte par Firmin Javel. Illustrations de MM. Silvestre et Cie. Du n° 1, 1er mai 1887, au n° 663, 1er déc. 1900. 21 vol. (*Manque l'année 1898 ; un grand nombre des nos des années 1887 à 1894 qui manquaient dans l'exemplaire ont été reliés à part. Quelques lacunes ?*) — **L'Œuvre d'Art.** Revue bi-mensuelle illustrée. Du n° 1, 20 avril 1893, à la 7e année 1-15 déc. 1899. 14 vol. — Ens. 35 vol. in-fol., pl., cart. bradel, dos percal.

14 — **L'Art Universel.** Revue bi-mensuelle illustrée. De l'orig., 1re année, n° 1, 1er avril 1895, à la 2e année, n° 42, 20 déc. 1896. 4 vol. — **L'Art et l'Industrie.** Organe du Progrès de toutes les branches de l'Industrie artistique. De l'orig., 1re année, 1877, à la 5e année, 1881, 5 vol. — **Magasin des Arts et de l'Industrie.** Organe spécial des Arts industriels. De la 1re année, 1869, à la 2e année. 2 vol. — **Moniteur des arts,** de la littérature et de toutes les industries relatives à l'art. Du n° 1. 2 fév. 1845, au n° 51, 18 janv. 1846. (*Incomplet.*) 1 vol. — **L'Art Populaire.** Journal littéraire et artistique. 1882. 1 vol. — **Revue populaire des Beaux arts.** De l'orig., 1re année, n° 1, 22 oct. 1897, à la 3e année, n° 31, 16 sept. 1899. 3 vol. — Ens. 16 vol. in-fol. et in-4, fig., cart.

15 — **L'Assommoir**, hebdomadaire, politique, satirique et littéraire. 1re année, no 1, 28 nov. 1880, à la 2e année no 13, 3 avril 1881. En nos. — **Le Carillon.** 1re année, no 1, 11 nov. 1876, à la 8e année, no 6, 10 fév. 1883. (*Manque 1 partie de la 5e année 1880, et la 6e année 1881*). En nos. — **La Charge**, par A. Le Petit. 1870-1871. 1re série, 13 nos; 2e série, 24 nos et 2 nos bis ; 3e série (1888-1890), 78 nos. — **La Comète**, 1868. 12 nos. — **La Cravache.** 1876-1877. 18 nos. (*Dessins de Forain, Somm, etc.*). — **L'Éclair.** 1re année, no 1, 17 juin 1877 au no 19, oct. 1877. (*Manque le no 13*). — **L'Étrille.** Du no 1, 10 nov. 1878, au no 45, 14 sept. 1879. (Manque les nos 38 à 45). — **La Fronde**, 18 fév. 1855, 1 no. — **La Fronde.** 1re année (2e série), 1868, 5 nos. — **La Fronde.** 1re année, no 1. 24 oct. 1869, à la 2e année, no 6, 15 fév. 1870. 16 nos. — **La Fronde illustrée.** 27 avril 1871. 1 no. — **La Fronde.** 1re année, no 1, 5 avril 1874, à la 2e année, no 44, 31 janv. 1875. — **Le Fouet**, politique, littéraire, religieux, conservateur. De la 1re année, no 6, 20 oct. 1887, à la 2e année, no 40, 3 août 1888. — **La Griffe**, Journal humoristique des Travailleurs. 14 juil. 1882-7 janv. 1883. 26 nos. — **La Timbale.** Du no 1 bis, 12 avril 1873, au no 32, 22 nov. 1873.

16 — **L'Aube.** Revue artistique littéraire mensuelle illustrée. De l'orig., 1re année, no 1, avril 1896, à la 2e année, no 5, juillet 1897. 1 vol. — **Le Cœur.** Esotérisme, littérature, science, arts. De l'orig., 1re année, no 1, avril 1893, au no 8, 2e année, mars 1894 (*Manque les fascicules IV et V*). *Ex. contenant le dernier no en épreuves, et plusieurs pages manuscrites de Jules Bois.* 1 vol. — **La Critique.** De l'orig., no 1, 10 mars 1895

au n° 18, 20 nov. 1895. 1 vol. — **L'Echo des Jeunes.**
Journal littéraire. De l'orig., 1re année, n° 1, 1er janvier 1890, au n° 200, 11e année, 1er août 1900. (*Manque
quelques n°*). 3 vol. — **Le Nouvel Echo.** Revue littéraire et dramatique bi-mensuelle. De l'orig., 1re année,
n° 1, 1er janv. 1892, au n° 18, 15 sept. 1892. 1 vol. — **Le
Passant.** Journal illustré. De la 1re année, n° 2,
1er juin 1882, au n° 20, 7 oct. 1882. 1 vol. — **Le
Franc-Parler.** Journal littéraire, artistique et théâtral. Du n° 1, 15 nov. 1896, au n° 6, 15 juillet 1897.
1 vol. — **La Revue Réaliste**, sous la direction de Vast-
Ricouard. De l'orig., 1re année, n° 1, 5 avril 1879, au
n° 10, 7 juin 1879, 1 vol. — Ens. 10 vol. in-8, in-4
et in-fol., fig., cart.

17 — **L'Autographe.** 1863-1864-1865. Paris, 1865,
1 vol. — L'Autographe au salon de 1864 et de 1865 et
dans les ateliers; L'Art à Paris en 1867. 1 vol. — L'Autographe. Evènements de 1870-1871. 52 livraisons. —
Ens. 3 vol. in-fol. obl., demi-rel., et en n°.

18 — **Beaumarchais.** Journal satirique, littéraire et
financier. 1re année, n° 1, 9 oct. 1880, à la 4e année,
n° 151, 26 août 1883. 2 vol., reliés. — **Le Calino.**
1re année, n° 1, 14 nov. 1868, à la 3e année, n° 33,
août 1870 (manque 5 n°). — **Le Diable.** Du n° 1,
19 fév. 1870 au n° 25, 6 août 1870. — **La Feuille de
Madame Angot.** 1873-1874. 15 n°. (Manque le n° 13).
— **Gavroche.** Du n° 1, 4 juin 1870 à la 2e année, n°
54, 24 mai 1879. (*Incomplet*). — **Le Géant.** Dessi-
nateur : H. Meyer; Rédacteur en chef : A. Vémar.
Du n° 1, 23 fév. 1868 au n° 32, 4 oct. 1868. — **La
Marotte.** 1868, 10 n°. — **Le Nain Jaune.** Nouv.
série. 11e année, n° 1, 30 juillet 1876, à la 12e année,

n° 21, 16 déc. 1877 (*Manque les n° 11, 12 et 40 de la
11ᵉ année, et le n° 1 de la 12ᵉ*). — **Le Philosophe**. Du
n° 1, 19 mai 1867 à la 2ᵉ année, n° 35, 18 janvier
1868. — **Le Polichinelle**. Du n° 1, 25 janvier 1874 à
la 2ᵉ année, n° 48, 24 janv. 1875. — **Le Tocsin**. 1867.
5 nᵒˢ. — **Le Type**. 1876. 19 nᵒˢ. (*Manque les nᵒˢ 8, 9,
10, 13, 14, 16, 18 et 19*). — En numéros.

19 — **Beautés Parisiennes**. Du n° 1, 2 sept. 1891, au
n° 9, 20 nov. 1891 ; **Beautés de Paris**. 1ʳᵉ année,
n° 1, 10 déc. 1891, à la 2ᵉ année, n° 5, 3 fév. 1892.
1 vol. — **Le Boudoir**. Gazette galante. 1ʳᵉ année,
n° 1, 30 mai 1880, au n° 30, 19 déc. 1880, et Almanach
du Boudoir pour 1881. En numéros. — **La Cocotte**.
1877. 5 nᵒˢ. — **Frou-Frou**. Journal du High-Life.
Du n° 1, 29 oct. 1871, au n° 18, 25 fév. 1872 (*Manque
le n° 7*). — **Le Messager Français**. Du n° 1, 8 mars
1891 à la 3ᵉ année, n° 6, 14 fév. 1892. En numéros.
— **Le Moderniste** illustré. Du n° 1, 6 avril 1889, au
n° 23, 28 sept. 1889, En numéros. — **Paris-Plaisir**.
1870. 6 nᵒˢ. — **La Semaine Parisienne**. 1874. 4 nᵒˢ.
— **La Vie Elégante**. 1882. 12 livraisons. — **La Vie
Joyeuse**. 7ᵉ année 1890, n° 1 à 30 (*manque le n° 27*).
En numéros.

19 *bis* — **La Bicyclette**. Journal d'informations vélo-
cipédiques. Du n° 1, 15 mai 1892, au n° 160,
31 mai 1895. 4 vol. — **Le Véloce-Sport**. Organe de la Vélocipédie française et étrangère. De la
9ᵉ année, n° 439, 3 août 1893, à la 11ᵉ année, n° 558,
14 nov. 1895, 5 vol. — **Véloce-Sport et Bicyclette
réunis**. Du n° 6, 6 fév. 1896 au 11 nov. 1897. 2 vol. —
**Le Cycle** (et la **Revue des Sports**) (devenu : **L'Auto-
Cycle illustré**). Organe hebdomadaire spécial de la
Vélocipédie. De la 2ᵉ année, n° 35, 23 avril 1892, à la

8ᵉ année, 10 juill. 1898. 12 vol. — **Le Journal des Vélocipédistes.** De la 17ᵉ année, nᵒ 3, 14 avril 1893 à la 19ᵉ année, nᵒ 101, 1ᵉʳ mars 1895. 3 vol. — **Le Vélocipède illustré.** 21ᵉ année, nᵒ 37, 11 déc. 1890 à la 26ᵉ année, nᵒ 6, 7 fév. 1895. 2 vol. — **Les Rois du Cycle.** Publication sportive. Du nᵒ 1, 25 nov. 1894 au 21 fév. 1895. 1 vol. — **Les Petites Annales illustrées du Cycle et de l'Automobile.** Du nᵒ 1. 3 juillet 1897, au nᵒ 46, 14 mai 1898. 1 vol. — **L'Auto-Vélo.** Journal comique et illustré. Du nᵒ 12, 1ᵉʳ août 1897, au nᵒ 36, 16 janv. 1898. 1 vol. — **Le Vélo,** Journal quotidien de vélocipédie. *Partie illustrée.* 1893-1900. 2 vol. — **Paris-Vélo.** Organe quotidien du Cyclisme. 1894 à 1897. 7 vol. — **Le Vélo illustré.** Du nᵒ 1, janv. 1898 à la 4ᵉ année, fév. 1901. 1 vol. — Ens. 40 vol. in-4ᵒ et in-fol., fig., cart.

20 — **Le Bon Bock.** Echo des Brasseries françaises. 1885. 21 nᵒˢ. — **La Bourse ou la Vie.** Du nᵒ 1, 5 fév. 1881, à la troisième année, nᵒ 19, 22 mai 1883. — **La Cour d'Assises** illustrée, 1862. 14 numéros. 1 vol., cart. — **Le Croque-Mort de la Presse.** 1848-1849. 6 nᵒˢ. 1 vol., cart. — **Le Croque-Mort.** 1868. 5 nᵒˢ. — **Le Croque-Mort,** 1882. 1 nᵒ. — **Les Ecoles,** journal des étudiants, 1877. 14 nᵒˢ. 1 vol., cart. — **La Ligue Foraine,** 1889. 28 nᵒˢ (*manque les nᵒˢ 1, 3, 16, 17, 21, 25 et 26*). — **La Photographie pour Tous,** par G. Brunel. 1893. 41 livraisons (*manque les livr. 2 à 5, 11 et 12*). — **La Police illustrée.** Du nᵒ 1, 21 janv. 1883, à la 2ᵉ année, nᵒ 13. 30 mars 1884. 1 vol., cart. — **Les Progrès de l'Enseignement Primaire.** 1886-1891. 60 nᵒˢ. 1 vol., cart.

21 — **Le Bonnet de Coton.** 1ʳᵉ année, nᵒ 1, 14 janv.

1867, au n° 23, 6 oct. 1867. 1 vol. (*manque les n°s 2 à 10*). — **Le Masque**. 1re année, n° 1. 14 mars 1867 au n° 22, 27 août 1867. 1 vol. — **L'Indépendance Parisienne**. 5e année, n° 17, 24 nov. 1867, au n° 74, mars 1870. 1 vol. (*manque quelques n°s*). — **Drolatic-Industry** (devenu le Drolatique). Du n° 1, 13 avril 1867, au n° 20, 24 août 1867. 1 vol. — **Diogène**. Du n° 1, 31 août 1867, au n° 25, 16 fév. 1868. 1 vol. (*2 exemplaires*). — **L'Evènement illustré**. 9 numéros, 1868. 1 vol. — **Le Monde pour Rire**. Du n° 1, 7 mars 1868, à la 4e année n° 136, 15 oct. 1871. 1 vol. — **La Scie**. Du n° 1, 23 juin 1872, au n° 39, 16 mars 1873. 1 vol. — **Le Franc Parleur**. Journal satirique et comique. 1re année, n° 34, 17 oct. 1869, à la 2e année, n° 8, 20 fév. 1870. 1 vol. — **Scapin**. De l'orig., 1re année, 6 juin 1875 au n° 8, 14 août 1875, et nouvelle série, n° 1, 12 fév. 1876, au n° 40, 18 nov. 1876. 1 vol. — Ens. 11 vol. in-fol., *caricatures de Durandeau, Montbard, Faustin, H. Meyer, A. Humbert*, etc., cart. et demi rel.

22 — **Le Bossu**, journal satirique français. Dessins par Gavarni et d'autres artistes éminents. *Londres*, du n° 1, 24 sept. 1848, au n° 17, 13 janv. 1849. 1 vol. in-4, fig., broché, *couv. ill. (Complet; rare et curieux)*. — **La Revue Comique**, à l'usage des gens sérieux, nov. 1848-avril 1849. 2 vol. gr. in-8, cart. Bradel, dos percal. orange, *non rognés, couv. ill. au 1er vol.* (*Bel ex.*). — **Le Musée Comique**, faisant suite à la *Revue Comique*. Toutes sortes de choses en images. *Paris, Aubert*. 1861. 2 exemplaires, dont 1 broché, *couv. ill.*, et 1 cart., *non rogné*. — Ens. 5 vol.

23 — **Le Bossu**. Directeur-rédacteur en chef : Gust. Frison, 1re à 3e année. 64 numéros (manque le n° 56).

— **Le Musée Comique**, par G. Frison. 1re année.
22 nos. — **Album de Charges**, par Lavrate. 120 nos.
— Ens. 3 vol.

24 — **Le Boulevard**. Rédacteur en chef : E. Carjat. De
l'orig., n° 1, 5 janv. 1862, au n° 52, 28 déc. 1862. 1 vol.
in-fol., *fig.*, demi-rel.

> Ce journal contient des dessins très curieux et des articles
> littéraires fort intéressants. Parmi les dessinateurs, il faut
> citer : *Daumier, Carjat, Durandeau, Bénassit, E. Bouquet,
> etc.* Parmi les rédacteurs littéraires : *Ch. Baudelaire,
> A. Daudet, les Goncourt, Ch. Monselet, Th. de Banville,
> Champfleury, Leconte de Lisle, C. Mendès, A. Glatigny,
> J. Vallès,* etc. — L'ex. contient le n° spécimen du 1er déc.
> 1861.

25 — **Le Boulevard**. Rédacteur en chef, E. Carjat. De
l'orig., n° 1, 5 janv. 1862, à la 2e année, n° 76, 14 juin
1863. 2 vol. in-fol., brochés, *couv.*

> Bel exemplaire. (*Collection complète, contenant le n° spé-
> cimen du 1er déc. 1861*).

26 — **Cadet-Roussel**. Journal non politique : Aug.
Roussel, rédacteur en chef. Du n° 1, 21 janv. 1855,
au n° 12, 8 avril 1855. (*Complet*). — **Musée Français-
Anglais**. Journal d'illustrations mensuelles dirigées
par Ch. Philipon. Du n° 1, janv. 1855, au n° 60, déc.
1859. (*Manque les nos 7, 13, 19 à 21, 25, 26, 27 et
29 à 34*). 2 vol. — **La Muselière**. Journal illustré de
la décadence intellectuelle. Directeur-rédact. en chef :
L. de Neuville. Du n° 1, 4 mars 1855, au n° 11, 13
mai 1855. — **La Chronique**. Du n° 1, 22 juin 1856,
au n° 40, 22 mars 1857. — **Polichinelle**. Rédacteur
en chef : F. Desnoyers. De l'orig., déc. 1856, à la
2e année, n° 32, 19 juil. 1857. (*Incomplet*). — **Polichinelle à Paris**, par J. Viard. Du n° 2, 18 déc.
1856 au n° 52, 2e année, 22 fév. 1857. (*Incomplet*). —

**Le Bon Diable**. Journal hebdomadaire non politique. Du n° 1, 7 janv. 1858, au n° 64, 2ᵉ année, 15 déc. 1859. — **L'Ane**. Journal des ébats artistiques et littéraires illustrés. Du n° 1, 19 juil. 1863, au n° 24, 27 déc. 1863. (*Manque le n° 18*). — Ens. 8 vol. in-fol. cart. et demi-rel.

27 — **La Caricature**. Rédacteur en chef : A. Robida. Années 1880 à 1883, 1885, et 1889 à 1895. 12 vol. in-fol., *fig.*, cart. toile.

28 — **Le Caricaturiste**. Revue drolatique du dimanche. Dessins de Quillenbois. 1849-1850. 57 numéros. 1 vol. in-4, demi-rel. (*Collection complète*).

29 — **Le Centaure**. Revue illustrée du Sport, de la Vénerie, de l'Agriculture et des Arts. De l'orig., 1ʳᵉ année, n° 1, janv. 1866, à la 4ᵉ année, déc. 1869. (*Manque la liv. de nov. 1866*). — Ens. 4 vol., dont 2 reliés, et 2 en fascicules.

30 — **La Chanson**. Revue bi-mensuelle. Archives de la Chanson. Rédacteur en chef : L. Henry Lecomte. Du n° 1, 1ʳᵉ année, mai 1878, à la 3ᵉ année, n° 33, 26 déc. 1880. 3 vol., brochés. — **La Chanson illustrée**. Rédacteur en chef : L. Henry Lecomte. 4ᵉ année, n° 1, 16 janv. 1881, au n° 26, 10 juillet 1881. (*Incomplet*). — **La Chanson Française**. Histoire de la Chanson et du Caveau, par Ch. Coligny. 1876. 1 vol., broché. — **La Chanson Française**. Moniteur du Caveau. Du n° 1, 17 septembre 1876, au n° 22, 11 fév. 1877 ; en numéros. — **La Chanson illustrée**. Rédacteur en chef : Alex. Flan. De la 1ʳᵉ année, n° 1, 28 mars 1869, à la 2ᵉ année, n° 78, 1870. 1 vol. — **Le Siècle chantant**. Du 4 juin 1864 au 17 avril

1865. *Paris, Gennequin.* 2 vol., brochés. — **La Chanson française illustrée.** *Paris, Boulanger.* 3 tomes, en 141 livraisons. — **La Chanson de la Semaine.** 1896. 21 livraisons.

31 — **LE CHARIVARI.** Journal fondé par Philipon. Du nº 1, 1er déc. 1832, à la 69e année, 31 déc. 1900. — 137 vol. in-4 et in-fol., cart. toile. *Caricatures par Daumier, Gavarni, Traviès,* etc.

32 — **Le Charivari.** Années 1848-1852. Numéros illustrés par Cham. 3 vol. in-fol., demi-rel.

33 — **Le Chat Noir.** Directeur. Rod. Salis ; Rédacteur en chef : Emile Goudeau. De la 1re année, nº 1, 14 janv. 1882, à la 14e année, nº 688, 30 mars 1895. (*Manque l'année 1888*). 10 vol. et en feuilles. — **Le Chat Noir.** Nouvelle série, du nº 1, 6 avril 1895, au nº 41, 1er fév. 1896. 2 vol., *dont 1 de tirages à part, dessins originaux, programmes, etc.* — **L'Album du Chat Noir.** 8 fascicules. 1 vol. — Ens. 13 vol. in-fol., (2 in-4°), cart. Bradel dos percal. noire.

> On a relié à la fin de l'album du Chat Noir, une série *d'images d'Epinal.*

34 — **La Chronique Parisienne.** De la 1re année nº 1 15 juin 1880, à la 8e année, nº 369, 18 sept. 1887. 6 vol ; 12e année, nº 363, 3 mai 1891, à la 13e année, nº 39, 24 janv. 1892. 1 vol. ; Numéros extraordinaires, 1883-1885. 1 vol. Ens. 8 vol., et en nos. — **La Vie Moderne.** Journal hebdomadaire illustré, littéraire et artistique. De la 1re année, 1879 à 1881, 3 vol. (*Ex. sur papier de Hollande*) ; 1883 à 1885 et 1889, 3 vol. (*Incomplets*). Ens. 6 vol. — **Le Monde Parisien.** Journal du High-Life (devenu :

Journal politique illustré). De la 2e année, n° 26,
21 juin 1879, à la 7e année, n° 4, 26 janv. 1884. 6 vol.
— **La Revue Parisienne**, illustrée de gravures sur
bois. 5e année, n° 1 au n° 41 (24 mars, 27 déc. 1877).
(*Manque le n° 2*). 1 vol. — **Le Diable Boiteux parisien**. De l'orig., 1re année, n° 1, déc. 1879, à la 2e année, n° 14, 10 avril 1880. 1 vol. — **Le Boulevardier**
(Suite du Diable Boiteux parisien). Journal illustré,
satirique et financier. De la 3e année, n° 1, 13 mars
1881, à la 6e année, n° 19, 11 mai 1884. 5 vol. —
**L'Echo du Boulevard**. Journal mondain hebdomadaire. Première série, n° 1, 9 mai 1891, au n° 35, 2e année, 3 janv. 1892. (*Manque le 1er. n° ?*). 1 vol. —
**Paris-Bavard** (devenu : Paris-Nouveau). Journal
mondain. Du n° 1, 23 août 1882, à la 2e année, n° 31,
10 mai 1883. 1 vol. — 29 vol. in-fol. et in-4, *fig.*, cart.

35 — **Cocorico**. De l'orig., n° 1, 31 déc. 1898, au
n° 45, 4e année, 15 janv. 1901. (*Manque le n° 44*).
2 vol. — **Le Clou** illustré. Journal humoristique
hebdomadaire. Du 31 mars 1900, au n° 13, 23 juin
1900. 1 vol. — **Paris-Croquis**. Directeur : Henri
Boutet. De l'orig., 1re année, n° 1, 6 oct. 1888, au
n° 6, 20 déc. 1888. 1 vol. — **Pan**. Avril-mai 1895.
1 vol. — **Simplicissimus**. De l'orig., 1re année, n° 1,
4 avril 1895, au n° 52, 27 mars 1897. 1 vol. — **Der
Nebelspalter**. Illustrirtes humoristisch-sathrisches
Wochenblatt. Zurich. 6e année, n° 3, 17 janv. 1880,
à la 19e année, n° 27, 8 juillet 1893. (*Incomplet*).
3 vol. — 9 vol in-4 et in-fol., cart.

36 — **La Comédie Politique**. Journal satirique hebdomadaire illustré. 1re année, n° 1, 24 nov. 1878, à la
9e année, n° 418, 26 déc. 1886. 8 vol. — **Le Pilori**.

Journal satirique illustré. 1<sup>re</sup> année, n° 1, 25 avril 1886, à la 8<sup>e</sup> année, n° 402, 31 déc. 1893. (*Manque les années 1889 et 1892*). 5 vol. — **Le Frondeur.** Journal satirique hebdomadaire. 1<sup>re</sup> année, n° 1, 12 fév. 1882, à la 2<sup>e</sup> année, n° 71, 19 août 1883. 1 vol. — **La Libre Parole illustrée.** Directeur : Ed. Drumont. 2<sup>e</sup> année, n° 41, 21 avril 1894, à la 3<sup>e</sup> année, n° 134, 1<sup>er</sup> fév. 1895. 2 vol. — **La République illustrée.** Supplément du dimanche. 1<sup>re</sup> année, n° 1, 2 déc. 1900 à la 2<sup>e</sup> année, n° 10, 3 fév. 1901. 1 vol. — **L'Image pour rire.** Journal hebdomadaire satirique. 3<sup>e</sup> série, n° 1, au n° 37. 1 vol. — Ens. 18 vol. in-fol. et in-4, cart.

37 — **Le Club.** Journal des Gens du Monde. Directeur : Aurélien Scholl. Du n° 1, nov. 1864, au n° 38, 26 mars 1865. 1 vol. gr. in-fol., cart. toile. (*Collection complète.*)

38 — **Le Cri de Paris.** De l'orig., 31 janv. 1897, à la 5<sup>e</sup> année, 24 fév. 1901. 9 vol. in-8, *fig. par Helleu, Roubille, Cappiello, Valloton, Chéret*, etc., cart. Bradel, dos vélin bl., *non rognés*.

39 — **La Croix.** De la 4<sup>e</sup> année, n° 1, 16 juin 1883 à la 22<sup>e</sup> année, n° 5483, 28 fév. 1901. (*Manque les années 1886 à 1896 ; les années 1885 et 1897 sont incomplètes*). 18 vol. et 1 album, in-fol. et gr. in-fol., cart. toile.

40 — **Le Diable Rose**, par E. La Bédolière. Du 15 au 29 juin 1848, 3 numéros. 1 vol. (*Complet*). — **Le Pamphlet**, quotidien illustré. Rédact. en chef : A. Vitu ; Collaborateurs : A. Achard (Grimm), Th. de Banville (Fr. Villon) ; P. Féval, Champfleury, H. Mur-

ger, etc. De l'orig., n° 1, 24 mai 1848, au n° 61, 9 nov. 1848, 1 vol. (*Complet*). — **Le Passe-Temps**. Revue critique illustrée des mœurs, des arts et de la littéraire. Du 12 nov. au 24 déc. 1848. 3 numéros. 1 vol. (*Complet*). — **Le Peuple Constituant**, journal quotidien. Rédact. en chef : Lamennais. Du n° 1, 27 fév. 1848, au n° 134, 11 juillet 1848. 1 vol. (*Complet*). — **Polichinelle**. Du 7 au 21 mai 1848. 3 numéros, avec caricatures politiques. 1 vol. (*Complet*). — **Journaux, Placards, Chansons, Canards, Brochures,** etc., de 1848. 3 vol. — Ens. 8 vol. in-fol. et in-4°, cart. et relié.

41 — **Diogène.** Portraits et biographies satiriques des Hommes du XIX<sup>e</sup> siècle. Rédacteurs : A. Rolland et Ch. Bataille ; portraits par Carjat. De l'orig., 1<sup>re</sup> année, n° 1, 10 août 1856, à la 2<sup>e</sup> année, n° 36, 26 avril 1857. 1 vol. — **Diogène.** Journal hebdomadaire biographique, satirique, illustré. Directeur : Eug. Varner. De l'orig., 1<sup>re</sup> année, n° 1, 10 mars 1860, à la 5<sup>e</sup> année, n° 245, 27 avril 1864. 2 vol. et en feuilles. — Ens. 3 vol. in-fol., *portraits-charges de Carjat, Durandeau,* demi-rel. (*Incomplet de quelques n<sup>os</sup> de la fin*).

42 — **Le Don Quichotte.** Rédacteur en chef : Ch. Gilbert-Martin. 1<sup>re</sup> année, n° 1, 26 juin 1871, à la 14<sup>e</sup> année, n° 706, 31 déc. 1887. 14 vol. gr. in-fol., dont 9 cart. toile et 5 en n<sup>os</sup>.

On a ajouté les années 1889 à 1893. (*Incomplets*).

43 — **Le Drapeau.** Revue hebdomadaire illustrée. Moniteur de la Ligue des Patriotes. De la 1<sup>re</sup> année n° 1, 29 déc. 1881, à la 6<sup>e</sup> année, n° 18, 30 avril 1887, plus un n° spécimen : 7<sup>e</sup> année, n° 3, 22 janv. 1888·

*(Manque un certain nombre de numéros des années 1881 à 1883).* 3 vol., cart., et en numéros. — Le Drapeau. Journal patriote illustré. 1re année, n° 1, 29 avril 1894, au n° 17, 19 août 1894. En numéros. — On y a joint les années 1884 et 1886, en double, relié et broché.

44 — **L'Éclair**, revue hebdomadaire de la littérature, des sciences et des arts, janv. 1852-déc. 1853. 100 n°s en 2 vol. in-4°, *fig. de Gavarni, Nadar, etc.*, demi-rel. de l'époque.

> Collection complète. — Rédacteur en chef : *Cte de Villedieu*, avec la collaboration de *Méry, Banville, Goncourt*, etc. Dessins de *Gavarni, Nadar*, etc.
> « *L'Éclair* » cessa de paraître lors de la suppression par jugement correctionnel du Journal « *Paris* », dont le Cte de Villedieu était également rédacteur en chef.

45 — **L'Éclair**, de Paris, journal politique quotidien, absolument indépendant. Partie illustrée. De la 2° année, 20 oct. 1889, à la 14° année, 28 fév. 1901. 39 vol. gr. in-fol., cart. toile.

46 — **L'Éclipse**. De l'orig., 1re année, n° 1, 26 janv. 1868, à la 9° année, n° 400, 25 juin 1876. 8 vol. in-fol., demi-rel.

> **Édition de luxe sur papier fort**, contenant les n°s saisis et les suppléments.

47 — **L'Éclipse. Edition de luxe**. De la 1re année, 1868, à la 9° année, n° 400, 25 juin 1876. Ex. broché et en numéros.

> Les 1re, 2°, 4°, 5° et 6° années, possèdent presque tous leurs n°s en double, en noir et coloriés. — *Les 8° et 9° années sont incomplètes de 43 numéros.*

48 — **L'Éclipse**. De l'orig., 1re année, no 1, 2⁶ janv. 1868
à la 9e année, no 400, 25 juin 1876. 2 vol. reliés, et
en numéros. — **La Lune**. De l'orig., no 1, oct. 1865,
à la 4e année, no 98, 17 janv. 1868.

49 — **L'Eclipse**. 1re à 4e année (1868 à 1871). — Dessins
de l'Eclipse, interdit par la Censure. — Ens. 5 vol.
in-fol , brochés, couv. imp.

50 — **L'Ecolier illustré**. De la 1re année, no 1, 2 janv.
1890, à la 12e année, no 9, 28 fév. 1901. 11 vol. — **Le
Journal des Écoliers et des Écolières**. De la
1re année, no 1, 13 avril 1895, à la 6o année, no 244,
7 déc. 1899. 5 vol. — **Mon Journal**. Recueil hebdomadaire illustré pour les enfants. De la 1re année,
no 1, 7 oct. 1893, au no 21, 23 fév. 1901. 8 vol. —
**Le Petit Français illustré**. Journal des Écoliers et
des Écolières. De la 1re année, no 1, 2 mars 1889, à
la 13e année, no 65, 23 fév. 1901. 14 vol. — Ens.
38 vol. in-4 et gr. in-8, *fig.*, cart. Bradel, dos percal.

51 — **L'Entr'acte**. De la 20e année, no 74, 15 mars 1850,
au no 364, 30 déc. 1850. (*Incomplet.*) 2 vol. — **Le
Sans-Gêne**. Critique théâtrale et littéraire. 3e année,
no 43, 19 janv. 1862, au no 50, 9 mars 1862. 1 vol. —
**La Comédie**. Journal illustré. De la 11e année, no 11,
6 sept. 1873, à la 14e année, no 40 (1876). (*Incomplet.*)
2 vol. — **La Comédie Parisienne Illustrée**. XVIIe
année, no 1 de la nouvelle édition, juin 1879, à la
XXe année, no 37, août 1882. 1 vol. — **Le Cri-Cri**.
Bibliothèque théâtrale. Du no 1, au no 175. 2 vol. —
**La Vie théâtrale**. Tome I et III. 1895-1896, 2 vol.
— **La Gazette des Concerts**. Du no 1, 18 oct. 1896,
à la 2e année, no 32, 6 août 1897. 1 vol. — **Paris**

**Artiste.** Revue hebdomadaire des spectacles et concerts. Du nᵒ 1, 22 oct. 1898, au nᵒ 8, 10 déc. 1898. 1 vol. — **La Revue Parisienne.** De la 1ʳᵉ année, nᵒ 1, 19 déc. 1895, à la 2ᵉ année, nᵒ 25, 24 juillet 1897. 1 vol. — **Le Succès.** Mignon-Album. Du nᵒ 1 au nᵒ 20. 1 vol. — Ens. 14 vol. in-fol., in-4 et in-8, cart.

52 — **L'Événement illustré.** Du nᵒ 2 au nᵒ 110 (1871-1872). 2 vol. — **La Gazette illustrée.** Du nᵒ 1, 17 fév. 1883, à nᵒ 38, 3 nov. 1883. 1 vol. — **Le Globe illustré.** 1887. 1 vol. — **Le Nouvel Illustré.** 1ʳᵉ année, nᵒ 101, 9 août 1866, au nᵒ 198, 14 nov. 1866. 1 vol. — **La République illustrée.** De la 2ᵉ année, 1881, à la 5ᵉ année, 1885. 10 vol. — **L'Univers illustré.** Du nᵒ 1, 22 mai 1858, au nᵒ 47, 9 avril 1859. 1 vol. — **L'Universel.** De l'orig., nᵒ 1, 3-9 avril 1862, à la 2ᵉ année, nᵒ 105, 6 avril 1864. 4 vol. — **La Revue des Jeux, des Arts et du Sport** (devenue la Revue illustrée). De l'orig., nᵒ 1, 16 nov. 1878, à la 4ᵉ année, nᵒ 171, 18 fév. 1882. 4 vol. — **L'Illustration Européenne.** 17ᵉ année, nᵒ 1 au nᵒ 43 (10 oct. 1886 au 31 juill. 1887). 1 vol. — **L'Illustré moderne.** De l'orig., nᵒ 1, 7 avril 1888, à la 2ᵉ année, nᵒ 74, 31 août 1889. 2 vol. — **L'Etoile Française.** De l'orig., nᵒ 1, 17 avril 1895, au nᵒ 27, 19 oct. 1895. 1 vol. — **Album-Évènement.** Prime du journal l'Évènement. 1 vol. — **Europa y America.** Revista quincenal illustrada. Ano VIII, nᵒ 169, 1ᵉ Enero de 1888 à Ano IX, nᵒ 203, 1ᵉʳ de Juno 1889. 1 vol. — **Le Franco-Américain.** Exposition de Chicago. Du nᵒ 1, 14 janv. 1893, au nᵒ 24, 16-31 déc. 1893. 1 vol. — Ens. 31 vol. in-fol., fig., cart.

53 — **L'Exposition Universelle de 1867** illustrée.

Publication internationale autorisée par la Commission Impériale. Rédacteur en chef : M. Fr. Ducoing. *Paris*. 1 vol. — **L'Exposition de Paris (1878)**. Rédigée par A. Bitard. *Paris*, 1878, 1 vol. — **1889 Livre d'or de l'Exposition**. Journal hebdomadaire illustré, sous la direction de C.-L. Huard. *Paris*, 2 vol. — **Revue de l'Exposition Universelle de 1889**. F. G. Dumas, directeur ; L. de Fourcaud, rédacteur en chef. *Paris*. 2 vol. — **Bulletin officiel de l'Exposition Universelle de 1889**. Du n° 1, 20 nov. 1886 à la 4e année, n° 128, 27 avril 1889. 4 vol. — **L'Exposition de Paris (1889)**, publiée avec la collaboration d'Ecrivains spéciaux. *Paris, Lib. illustrée*, 1889. 2 vol. — Encyclopédie du Siècle. **L'Exposition de Paris de 1900**. Publication hebdomadaire. *Paris, Lib. illustrée*. 3 vol. — Ens. 15 vol. in-4 et in-fol., *fig.*, cart.

54 — **L'Exposition Universelle de 1867** illustrée. Rédacteur en chef : M. Ducoing. *Paris*. 2 vol. — **L'Exposition de Paris (1878)**. Rédigée par A. Bitard. *Paris*, 1 vol. — **Album de l'Exposition**. Le Palais de Cristal. Journal illustré de l'Exposition de 1851 et des Progrès de l'Industrie Française. *Paris*, 1851, 1 vol. — **L'Exposition de Troyes** illustrée. 1860. 1 vol. — **L'Avenir du Tonkin** à l'Exposition de 1889. Revue illustrée. *Paris*, 1 vol. — Ens. 6 vol. in-folio., *fig.*, cart. (1 broché).

55 — **L'Esprit Follet**. Album. Journal, littéraire, artistique, fantaisiste. Première à 4e année. 1869 à 1872. 4 vol. in-fol., *fig. de Cham, Ed Morin, Bertall,*

*Belloguet, Lafosse, Grévin, Hadol, Draner*, etc., demi
rel. chag. rouge, couv. ill.

> *Collection complète :*
> Ex. contenant ajoutés plusieurs dessins et tirages à part
> des illustrations de Belloguet.
> On y a joint : **Album de l'Esprit Follet**. Douze grands
> dessins choisis de Guido Gonin. Paris, Ed. Zonzogno, édit.
> Gr. in-fol., broché, *couv. ill.*

56 — **La Famille**. Voyages, romans, modes, théâtres,
actualités, etc. De la 1re année, 1879 à la 22e année,
1900 *(les années 1879 à 1893 sont incomplètes)*. —
**La Vie de Famille**. Journal hebdomadaire illustré.
De la 1re année, 1er mars 1891 à la 11e année, 24 février 1901 *manque quelques nos)*. 10 vol. — **La Joie
de la Maison**. Journal hebdomadaire illustrée. De
la 1re année, 1891 à la 11e année, 24 fév. 1901 *(Manque un certain nombre de numéros)*. 9 vol. — **L'Ami
de la Maison**. Revue hebdomadaire illustrée. Du
no 2, 17 janv. 1856 au no 52, 1er janv. 1857 *(Manque
les pp. 385 à 388 de la 25e livraison)*. 1 vol. — **Les
Soirées en Famille**. Du no 1 au no 44. 1897-1898.
1 vol. — **Le Messager de la Famille**. Revue
illustrée. Du no 1, 1er janv. 1886 au no 13, 1er juill.
1886. 1 vol. — Ens. 42 vol. in-4, *fig.*, cart. Bradel
dos percal.

57 — **Fantasio**. Magazine gai. De l'orig., no 1, 1er août
1906 à la 6e année, no 130. 15 déc. 1911 *(Manque les
no 89 et 109)*. 6 vol., dont 3 cart. et 3 en fascicules.
— **Le Pêle-Mêle**. Journal humoristique hebdomadaire. De l'orig. no 1, 28 sept. 1895 à la 7e année,
no 9, 3 mars 1901. 5 vol. — **Polichinelle**. Hebdomadaire humoristique de la Famille. De l'orig. no 1.
13 déc. 1896 à la 6e année, no 219, 3 mars 1901. 4 vol.

— **La Petite Carricature**. Journal de Contes joyeux. De l'orig., n° 1 au n° 79. Année 1898. 1 vol.
— **Le Petit illustré Amusant**. De l'orig. n° 1, 27 oct. 1898 à la 4ᵉ année, 2 mars 1901. 3 vol.— Ens. 19 vol. in-4, fig., dont 13 cart. Bradel.

58 — **Le Figaro**. Journal littéraire et d'art. Du n° 1, 3 mars 1839 au n° 188, 27 déc. 1840. 1 vol. in-fol., pl., demi rel. anc.

> *Collection complète*. Rare. Rédacteur en chef, *Albéric Second*. Collaborateurs : *Desnoyers, Altaroche, L. Goylan. J. Sandeau*, etc. Dessins de *Daumier, Gavarni, H. Monnier, Traviès*, etc.
> Plusieurs nᵒˢ de cette collection sont ʼmal numérotés; il existe ainsi 2 livraisons portant les nᵒˢ 134, 157, 183 et 3 portant le nᵒ 185. Par contre il n'existe pas de n° 173 et 187.

59 — **Le Figaro**. Du n° 1, 3 mars 1839 au n° 150, 9 août 1840. 1 vol. in-fol., *fig.*, cart.

> Ex. incomplet les nᵒˢ 2, 3, 7, 10 à 15, 17 à 23, 25, 26, 56, 58 à 63, 66 à 81, 83, 84, 86, 88 à 91, 94, 100, 104, 110, 121 à 140, 142 et 147.

60 — **Figaro**. Journal non politique. H. de Villemessant et B. Jouvin, rédacteurs en chef. Du n° 1, 2 avril 1854, à la 13ᵉ année, n° 1225, 11 nov. 1866, et du n° 1 (*2ᵉ série*), 16 nov. 1866 au n° 192, 27 mai 1867. 14 vol. in-fol. et gr. in-fol., cart. toile.

61 — **Le Figaro**. Partie illustrée, de 1869 à 1901. 18 vol. — Partie musicale, de 1897 à 1901. 3 vol. — Ens. 21 vol. gr. in-fol., cart. toile.

61 *bis* — **Figaro illustré**. Années 1897, 1898 et 1899. 6 vol. — **Figaro-Exposition**. 1889. 1 vol. — **Figaro-Salon**. Années 1885, 1886, 1894, 1896, 1897, 1898, 1899 et 1900. 8 vol.— Ens. 15 vol. in-fol., cart.

62 — **Le Fin de Siècle**. De l'orig., 1<sup>re</sup> année, n° 1, 17 janv. 1891, à la 5<sup>e</sup> année, n° 504, 29 déc. 1895. (*Manque quelques n<sup>os</sup>*). 4 vol. — **Le Don Juan**. Du n° 1, 8 juin 1895, à la 2<sup>e</sup> année, n° 50, 14 mars 1896. 1 vol. — **La Lanterne**. Supplément littéraire. Du n° 184, 8 janv. 1888, à la 12<sup>e</sup> année, n° 992, 28 déc. 1895. 5 vol. — **Le Supplément**. Grand journal littéraire illustré. De la 12<sup>e</sup> année, n° 993, 31 déc. 1895, à la 18<sup>e</sup> année, n° 1802, 28 fév. 1901. 10 vol. — Ens. 20 vol., très gr. in-fol., cart. toile.

> On y a joint : 1° **230 dessins originaux** du *Fin de Siècle*, par *J. Abeillé, M. Neumont, Radiguet, Carl Hap*, etc.; 2° *300 épreuves en tirages à part*, modèles de coloris, etc.

63 — **La France illustrée**. Journal littéraire, scientifique et religieux. De l'orig., 1874, à la 18<sup>e</sup> année, 1891 (*Manque les années 1887 à 1889*). 29 vol. — **Le Petit Moniteur illustré**. Du n° 1, 4 janv. 1885, à la 6<sup>e</sup> année, 28 déc. 1890, 12 vol. — Ens. 41 vol. in-fol., *fig.*, cart.

64 — **Le Gaulois**. Petite Gazette critique, satirique et anecdotique. Du n° 1, 10 nov. 1857, au 1<sup>er</sup> sept. 1861. 5 vol. in-fol. (le 1<sup>er</sup> vol. petit in-8), *fig. de Carjat, Hadol*, etc., demi rel. chag. bleu.

> Ce journal fut d'abord une petite gazette critique, satirique et anecdotique. Au n° 10, il agrandit successivement son format et devient un journal hebdomadaire, publiant dans chacun de ses n<sup>os</sup> un portrait-charge et une biographie. Il fut supprimé en septembre 1861 par jugement pour avoir traité indûment de matières politiques.
>
> Ses principaux rédacteurs avaient été MM. Delville, sous le nom de *Dell'Bricht*, Louveau, sous celui de *Varner*, Raym. Signouret, Bataille, etc. *Carjat* en était le caricaturiste en chef.
>
> On y a joint plusieurs planches en tirage hors texte.

65 — **La Gazette de Paris**, non politique, sous la direction de M. Dollingen (puis Rédacteur en chef : H. de Villemessant). De l'orig., n° 1, 6 avril 1856, à la 4e année, n° 181, 29 sept. 1859. 4 vol. in-fol. cart.

> Rédacteurs : Ph. Audebrand, Monselet, Gatayes, H. de Kock, etc.
> *Manque les n° 140, 147, 150 à 154.*

66 — **La Gazette des Enfans et des Jeunes personnes.** 1re année, 1837. 90 numéros (*Manque les n°s 65, 71 à 75*). 1 vol. — **La Gazette de la Jeunesse.** 2e année, 1843. 1 vol. — **Les Enfants.** Du n° 1, 8 mai 1881, au n° 90, 21 janv. 1883 (*Manque les n°s 2 à 13, 15 à 28 et 32 à 55*). 1 vol. — **La Gazette des Enfants.** 1892 à 1897. 6 vol. — **Le Monde de la Jeunesse.** Journal hebdomadaire illustré. Du n° 1, 6 sept. 1890, au n° 273, 24 nov. 1895. 7 vol. — **La Jeunesse Amusante.** De la 1re année, n° 37, à la 3e année, n° 109. 3 vol. — **Le Jeune âge illustré.** Journal pour les enfants. 2e année 1882. 1 vol. — Ens. 20 vol. in-4°, fig., cart. Bradel, dos percal.

67 — **Le Gil Blas illustré.** De la 1re année, n° 1, 30 mai 1891, à la 4e année, n° 15, 15 avril 1894. 2 vol. — **La Vie Franco-Russe.** De la 1re année, n° 1, 18 fév. 1888, au n° 11, 28 avril 1888. En numéros. — **Le Chambard Socialiste.** Du n° 1, 16 déc. 1893 à la 3e année, n° 78, 8 juin 1895, (*Manque le n° 18*). En numéros. — **L'Escarmouche.** Du n° 1, 12 nov. 1893 à la 2e année, n° 3, 16 mars 1894. En numéros. — **Le Boulevard.** Du n° 1, 9 fév. 1892, au n° 11, 19 avril 1892. En numéros.

68 — **Le Globe** industriel, agricole et artistique. Journal illustré des Expositions. 1855, 1 vol. in-fol., cart. —

**Le Travail.** Revue Encyclopédique illustrée. Organe des Expositions françaises et étrangères. Années 1883-1884 à 1889. En feuilles. (*Manque quelques nᵒˢ*). — **Moniteur des Fêtes** de l'Exposition Universelle et du Centenaire, 1889. 30 numéros. (Manque le nᵒ 29). In-4, cart. — **Le Champ de Mars.** Journal de l'Exposition universelle de 1889. 1888-1889. 31 nᵒˢ. (*Manque les nᵒˢ 4, 7, 17, 26 et 29*). — **Le Courrier de l'Exposition** illustré. Edition spéciale du « Matin ». 1889. 30 numéros. (*Manque les nᵒˢ 1 et 3 à 7*). — **L'Exposition Comique.** Supplément au Charivari, 1900. 1 vol. in-4, cart.

69 — **Le Gourmet.** Journal des intérêts gastronomiques. Rédacteur en chef: M. Charles Monselet. Du nᵒ 1, 21 fév. 1858, au nᵒ 24, 1ᵉʳ août 1858. 1 vol. in-fol., cart.

70 — **Le Grand Journal. Paris-Magazine.** Rédacteur en chef: B. Jouvin et H. de Villemeseant. 3ᵉ année, 2ᵉ série, nᵒ 1, 2 déc. 1866, à la 3ᵉ série, nᵒ 23, 13 déc. 1868. 3 vol. in-fol. et petit in-4. (*Manque qnelques numéros.*) — **Album du Grand Journal.** 300 dessins. *Paris, s. d.*, in-fol. (*2 exemplaires.*) — **La Célébrité et la Gazette des abonnés** réunies, etc. Journal pour rien. 9ᵉ année, nᵒ 1, 5 janv. 1866, au nᵒ 22, 7 juin 1866. 1 vol. — **L'Eclair.** Journal littéraire. 1ʳᵉ année, nᵒ 1, 1ᵉʳ déc. 1867, à la 2ᵉ année, nᵒ 41, 22 août 1868. 1 vol. (*Collaborateurs: Barbey d'Arnevilly, P. Arène, Cladel, Monselet, A. Daudet, Champfleury, Ed. Drumont, etc.*) — **Le Journal du Peuple,** quotidien. Rédacteurs-Fondateurs: L. Noir, U. de Fonvielle, A. Humbert, F. Henne, etc. 1ʳᵉ année, nᵒ 1, 1ᵉʳ juillet 1870, au nᵒ 82, 20 sept. 1870 1 vol. — **Le**

**Diable.** Du n° 1, 19 févr. 1870 au n° 20, 2 juillet 1870.
1 vol. (*Collaborateurs: Villiers de l'Isle Adam, Th. de
Banville, F. Coppée, Champfleury, C. Mendès,
Th. Gautier, J. Claretie, etc.*) — Ens. 9 vol. in-fol.,
cart., demi-rel.

71 — **Le Grelot.** Journal illustré, politique et satirique.
1re année, n° 1, 9 avril 1871, à la 33e année, 26 juillet
1903. — Ens. 33 années, en nos, dans 33 portef. in-fo.

> Bel. ex. avec les *tirages à part, titres, tables, couvertures*.
> Provenant de la *Collection de M. Mallet, du Havre.*

72 — **Le Grelot.** Journal illustré, politique et satirique.
De la 1re année, n° 1, 9 avril 1871, à la 14e année,
n° 716, 28 déc. 1884, et de la 20e année, 5 janv. 1890,
à la 35e année, 25 fév. 1906. — 15 vol. in-fol., *fig.*
*par Bertall, A. Le Petit, Pépin,* etc., cart. toile, et en
numéros.

> Les années 1871 à 1884 et 1890 sont reliées et contien
> nent un grand nombre de **dessins originaux** *et tirages à*
> *part.* Les années 1891 à 1906 sont en feuillles.

72 *bis* — **Le Grelot.** Volumes séparés (Années 1871 à
1884 et 1892), et un très grand nombre de **dessins**
**originaux** *et tirages à part.* 9 vol. et 7 cartons.

73 — **Le Hanneton.** Journal des Toqués. Rédacteur en
chef : Le Guillois. Du n° 1, 30 nov. 1862, au n° 214,
16 déc. 1866, et du n° 1, 14 fév. 1867 (Le Hanneton
illustré, satirique et littéraire) au 9 juil. 1868. 3 vol.
in-fol., fig. de Pilotell, H. Mailly, Gédéon, Bernay, etc.
demi-rel. chag. lavall. — **Le Bouffon.** Journal quotidien. Rédacteur en chef : Le Guillois. 1re série, n° 1 au
n° 52 (20 janv.-12 mars 1867); 2e série, n° 53 au n° 100
(17 mars-29 déc. 1867); 3e série, n° 101 au n° 152

(5 janv.-27 déc. 1868) ; 4ᵉ année, nᵒ 1 au nᵒ 11 (3 juill.-
11 sept. 1869) ; 8ᵉ année, 5ᵉ série, nᵒ 1 au nᵒ 10
(26 juill.- 27 sept. 1874). In-fol. et in-4, en feuilles.
*Collections complètes.*

74 — **Les Hommes d'Aujourd'hui.** Portraits-charges
par A. Gill (H. Demare, Coll-Toc, E. Cohl, Luque,
Cazals, etc.) Première (à IXᵉ) année. *Paris,* 1878-1897.
9 vol. — **Les Femmes du Jour.** Du nᵒ 1 au nᵒ 11,
1886. 1 vol. — Ens. 10 vol. in-4, *fig.*, cart. Bradel,
dos percal. grise.

> Ex. contenant un grand nombre de numéros doubles, *en
> noir et en couleurs, des tirages à part des portraits,* de nom-
> breux *dessins-calques par H. Demare, une lettre autographe
> d'A. Gill,* etc.

75 — **L'Image.** Paris Comique. Directeur Carlo Gripp.
1ʳᵉ année, du nᵒ 1, 6 juin 1867, à la 4ᵉ année, nᵒ 37,
10 sept. 1870. 2 vol. — **Un autre exemplaire.**
1867-1870. (*Incomplet de quelques nᵒˢ.*) 3 vol. —
**La Chronique amusante.** 1ʳᵉ année, nᵒ 1, 30 mai
1886, au nᵒ 4, 20 juin 1886 ; **La Vie Militaire,** 1ᵉʳ
année, nᵒ 1, 30 mai 1886, au nᵒ 4, 20 juin 1886. Ens.
en 1 vol. — **Les Nouvelles pour rire.** Nouvelle
série, nᵒ 1, 9 mai 1897, à la 3ᵉ année, nᵒ 24, 1898.
1 vol. — **Les Étoiles.** Du nᵒ 1, 17 juin 1896, à la
2ᵉ année, nᵒ 46, 20 mai 1897. 2 vol. — Ens. 9 vol.
in-4, cart. et demi-rel.

76 — **L'Image.** Revue littéraire et artistique, ornée de
figures sur bois, publiée sous la direction littéraire de
Roger Marx et J. Rais et sous la direction artistique
de T. Beltrand, A. Lepère et L. Ruffe. Du nᵒ 1,
déc. 1866 au nᵒ 12, déc. 1898. 3 vol. in-fol., *fig.*,
cart. Bradel, dos percal.

> Un des 100 ex. sur **papier de Chine,** *avec un tirage à*

*part sur* *Chine* de toutes les illustrations et les *fumés* de
12 planches importantes ayant paru dans le texte.

77 — **Les Inventions Nouvelles** (devenu à partir de
1896 : **La Vie Scientifique**). De l'orig. 1888 (n° 3) à
1900 inclus. (*Manque l'année 1893*). 18 vol. — **La
Science illustrée.** Journal hebdomadaire. De l'orig.,
1er déc. 1887 à 1900. (*Manque les 2e semestres de
1891 et 1893*). 24 vol. — **La Science moderne.**
De l'orig., 1er mars 1891 au 30 décembre 1893. (*Le
1er semestre 1893 est incomplet*). 5 vol. — Ens.
47 vol. gr. in-8, *fig.*, cart. Bradel, dos percal.

78 — **Le Journal,** quotidien, littéraire, artistique et
politique. F. Xau, directeur. Partie illustrée, de 1892
à 1901. 14 vol. — **Le Matin.** Partie illustrée, de
1884 à 1900. 8 vol. — Ens. 22 vol. gr. in-fol., cart.
toile.

79 — **Journal de la Marine,** Le Yacht. Marine de
guerre, marine de commerce, navigation de plaisance.
Journal hebdomadaire. De la 12e année, XVIIe vol.
1894, à la 22e année, XXIIe vol. 1899. 11 vol. in-4,
cart.

80 — **Le Journal illustré.** 1re année 1864 ; 2e année
1865 ; 17e année, 1880 ; 3 années complètes, dont
2 cart. et 1 en n° ; et de la 18e année, 1881, à la 23e
année 1886 (*numéros dépareillés*). — **La Petite
Presse.** Journal quotidien illustré. Années 1885 et
1886. — **La Presse illustrée.** 1866 (avril à juillet).
1 vol. (*Manque quelques n°s*). — **Paris-Journal.**
Année 1859. 1 vol. — **Le Nouvel illustré.** 1883.
1 vol. — **Les Petites Nouvelles quotidiennes.**
1885. 1 vol. — **La Seine.** Journal illustré. De l'orig.,
n° 2, 8 nov. 1885, à la 4e année, n° 10, 4 mars 1888.

— **Paris instantané**. Quotidien illustré. 1889-1890,
65 nos. — **Le Petit illustré**. Du n° 1, 24 avril 1890
à la 2e année, n° 53, 31 déc. 1891. (*Manque 2 nos*). —
Ex. cart. et en numéros.

81 — **Le Journal pour rire**, journal d'images, journal
comique, critique, satirique, lithographique, etc.,
dirigé par Ch. Philipon. De l'orig., 5 fév. 1848 au
26 sept. 1851, 3 vol., dont 1 de nos spécimens ; nouv.
série, du n° 1, 3 oct. 1851 au n° 222, 29 déc. 1855,
5 vol. ; (devenu **Journal Amusant**), du n° 1,
5 janv. 1856, au n° 2234, 24 juin 1899. (*Manque 5 nos,
nos 2053 à 2057, années 1896*) ; et du n° 1 (nouv.
série), 1er juill. 1899 au n° 79, 29 déc. 1900. 54 vol.—
Ens. 62 vol. gr. in-fol. et in-4, *fig*., cart. toile. (*Les
années 1896 et 1897 sont en numéros*).

82 — **Le Journal pour Rire**. 11 vol. gr. in-fol. et in-
fol., demi-rel. chag.

> Collections comprenant : De l'orig., 5 fév. 1848, au 26 sept.
> 1851 ; Nouv. Série, années 1853, 1854 et 1855 ; (Journal Amu-
> sant), années 1857, 1858, 1859, 1865, 1874 et 1875.

83 — **Journaux Montmartrois**. — **L'Auberge des
Adrets**, 1885-1886. 10 nos. — **La Butte**, 1886-
1892. — **Les Quat'Z'arts**, 1897-1898. 30 nos. — **Le
Divan Japonais**, 1891-1892. 69 nos. — **La Lanterne Japonaise**, 1888-1889. 16 nos. — **Autour
du Moulin**, 1889. 2 nos, *dessins ajoutés*. — **Gazette du Bagne**, par M. Lisbonne. 5 nos, *affiches et
dessins ajoutés*. — **Le Grand Guignol**, 1898. 6 nos
— **L'Impartial du XVIIIe**, 1892. 1 n°, *épreuves
ajoutées*. — **Montmartre artiste**. 4 nos, *dessins
ajoutés*. — **Chronique des Batignolles et de Montmartre**, 1882. 4 nos. — **Almanach** des XVIIe et

XVIII<sup>e</sup> arrondissements. — **Montmartre illustré,**
1886. 3 n<sup>os</sup>. — **Montmartre artistique,** 1886. 9 n<sup>os</sup>.
— **Le Réveil du XVIII<sup>e</sup>,** 1889. 4 n<sup>os</sup> — **Le Ter-
tre,** Estampes Montmartroises. 10 fascicules. — **La
Vache enragée.** 1 n<sup>e</sup>, *tirages à part,* etc.

84 — **Le Journal pour Tous.** Magasin hebdomadaire
illustré. Du n° 1, 7 avril 1855, au n° 87, 29 nov.
1856 (*Manque quelques n<sup>os</sup>*). 2 vol. — **Le Journal
pour Tous** et la **Chronique Parisienne.** Journal
illustré paraissant le dimanche. 2<sup>e</sup> année, 1892. 53
n<sup>os</sup>. 1 vol. — **Le Journal pour Tous,** supplément
hebdomadaire illustré du *Journal.* De la 4<sup>e</sup> année,
n° 16, 18 avril 1894 à la 6<sup>e</sup> année, n° 5, 29 janv.
1896, plus un certain nombre de n<sup>os</sup> des 7<sup>e</sup>, 9<sup>e</sup> et
10<sup>e</sup> années (1897-1900). 3 vol. — **Le Messager de
la Semaine.** De la deuxième année, n° 14, 5 mars
1864 à la 27<sup>e</sup> année, 2 déc. 1882. (*Manque les années 1876 et 1880, et un certain nombre de numéros*). 16 vol. — **La Revue pour Tous.** Du n° 1,
15 sept. 1895, au n° 82, 4 avril 1897, et du n° 1
(7<sup>e</sup> année) au n° 97, 9<sup>e</sup> année. (*Manque quelques
numéros*). 5 vol. — Ens. 27 vol. in-4 et in-fol., *fig.*,
cart.

85 — **Journaux périodiques : Partie illustrée.**
108 vol. gr. in-fol., cart. toile.

> **L'Action,** 1886-1887. 1 vol. — **L'Anti-juif,** 1899-1901.
> 1 vol. — **L'Anti-Prussien,** 1885-1895. 1 vol. — **L'Aurore,**
> 1897-1900. 2 vol. — **L'Autorité,** 1890-97. 1 vol. — **La
> Cocarde,** 1888-95. 1 vol. — **Le Courrier National.**
> 1895-97. 1 vol. — **Le Cri du Peuple,** 1884-89. 2 vol. —
> **Le Dix-neuvième Siècle,** 1885-97. 1 vol. — **L'Echo de
> Paris,** 1885-1901. 5 vol. — **L'Echo du XIX<sup>e</sup>,** 1898-1900.
> 1 vol. — **L'Estaffette,** 1886-95. 3 vol. — **L'Évènement,**
> 1883-1901. 15 vol. —**Le Français,** 1900-01. 1 vol. — **La**

France, 1884-98. 3 vol.; et 1 vol. du supplément illustré, 1898-99. Ens. 4 vol. — **Le Gaulois**, 1879-1901. 7 vol. — **Le Gil-Blas**, 1885-1900. 5 vol. et 3 vol. du supplément illustré, 1896, soit 8 vol. — **Le Grand-Journal**, 1896. 2 vol. — **L'Intransigeant.** 1882-1901. 5 vol. — **Le Jour**, 1890-95, 1 vol. — **Le Journal des Agriculteurs**, 1895-96. 1 vol. — **La Justice**, 1883-93. 1 vol. — **La Lanterne**, 1881-97, 3 vol. — **La Liberté**, 1885-1901. 2 vol. — **La Libre-Parole**, 1892-1900. 3 vol. — **Le Mot d'ordre**, 1884-90. 1 vol. — **La Nation.** 1884-94. 6 vol. — **Le National**, 1887-93, 1 vol. — **Paris**, 1882-95, 1 vol. — **Le Parti national**, 1892-93. 1 vol. — **Le Parti socialiste**, 1893-94. 1 vol. — **La Poste**, 1895-96. 1 vol. — **Le Petit National**, 1883-91. 2 vol. — **La Petite République.** 1898-1900. 1 vol. — **Le Radical**, 1885-95, 2 vol. — **La Revanche**, 1886-91. 1 vol. — **La République**, 1900-1901, 2 vol. — **Le Siècle**, 1898-1900. 2 vol. — **Le Temps**, 1887-1900, 5 vol. et 1 vol. supplément illustré, 1890-95, soit 6 vol. — **La Volonté**, 1898. 1 vol. — **Divers**, 7 vol.

86 — **La Lune.** De l'orig., 1re année, n° 1, oct. 1865, à la 4e année, n° 98, 17 janv. 1868. 1 vol., demi-rel. — **L'Eclipse.** De l'orig., 1re année, n° 1, 26 janv. 1868, à la 9e année, n° 400, 25 juin 1876. 9 vol., brochés, *couv. imp.*, avec les n°s saisis et l'album des dessins interdits par la censure. — **La Lune Rousse.** De l'orig., 1re année, n° 1, 10 déc. 1876, à la 4e année, n° 159, 21 déc. 1879. (*Manque les n°s 110, 125 et 132*). (*Un grand nombre de n°s en double*). 3 vol., en numéros. — **La Petite Lune**, 1878-1879. 52 numéros. — **Le Voltaire**, supplément illustré, 1880. Dessins de A. Gill. 13 n°s.

Collections des journaux illustrés par A. Gill.

87 — **Lièvre** (Ed.). Les Collections célèbres d'Œuvres d'Art, dess. et gravés d'ap. les originaux par Ed. Lièvre. *Paris, Goupil*, 1866-1869. 2 vol. gr. in-fol., en feuilles. — **Les Chefs d'Œuvre d'Art** à l'Expo-

sition universelle. 1878. *Paris, Baschet*, 1878. 2 vol.
in-fol., pl., demi-rel. mar. rouge avec |coins, têtes
dor., *non rognés*. — Ens. 4 vol.

88 — **Magasin d'Éducation et de Récréation**, publié
par Jean Macé et P.-J. Stahl, avec la collaboration de
nos plus célèbres écrivains et savants, illustré par nos
meilleurs artistes. *Paris, J. Hetʒel et C^{ie}* Du tome I^{er}
1864 au tome 60, 1894. (*Manque les années 1885 à
1888 (tomes 41 à 48) et 1892 (tomes 55 et 56*).
50 tomes en 25 vol. — Nouvelle série. Du tome I^{er},
1895, au tome X, 1899. (*Manque l'année 1898.
Tomes VII et VIII*). 8 tomes en 4 vol. — Ens.
29 vol. gr. in-8, *fig.*, cart. Bradel, dos percal.

89 — **Le Magasin Pittoresque**, publié par Ed. Char-
ton. 1^{re} année 1833 à la 66^e année 1898. 60 vol. —
Table alphabétique et méthodique, 1833-1872 et
1873-1882. 1 vol. — Ens. 67 vol. in-fol., *fig.*, cart.
Bradel, dos percal. rouge, *non rognés, couv. conservées*.

90 — **Les Maîtres de l'Affiche**. Publicaiion mensuelle,
éditée par l'Imprimerie Chaix. *Paris*, 1896-1900.
5 vol. — **Les Maîtres du Dessin**. Publication mensuelle, éditée par l'Imprimerie Chaix. *Paris*, 1900-
1901, 2 vol. — **L'Image**. Revue artistique et littéraire, ornée de gravures sur bois. *Paris*, déc. 1896-
déc. 1897. 1 vol. — **L'Estampe et l'Affiche**. Directeur : Clément Janin. *Paris*. 1897. 1 vol. — **Les
Programmes illustrés**. Texte par E. Maindron.
*Paris, Lib. Nilsson, s. d.* 1 vol. — **Les Affiches
illustrées**. Concours du journal *l'Éclair*. *Paris*,
*s. d.*, 1 vol. — Ens. 11 vol. in-4 et in-fol., cart.,
*couv. de livraisons*.

91 — **Mathieu Laensbergh**. Journal politique, littéraire, de l'indusrrie et du commerce. *Liège*, du n° 1,
année 1824, 1ᵉʳ avril, au n° 236, 31 déc. 1824. 2 vol.
in-fol., cart., *non rognés*. (*Manque les nᵒˢ 33, 58, 141,
145, 146 et 158*).

92 — **Le Miroir** des Spectacles, des Lettres, des Mœurs
et des Arts, par MM. Jouy, A.-V. Arnault, Em. Du-
paty, E. Gosse, Cauchois Lemaire et autres gens de
lettres. De l'orig. n° 1, 15 fév. 1821, au n° 880,
24 juin 1823. — **Le Sphinx**. Journal littéraire des
Spectacles, des Mœurs, des Arts, des Sciences et des
Modes, nᵒˢ 1 et 2 (26 et 27 juin 1823). 10 vol. in-4,
*pl.*, cart. Bradel, percal. grise.

> *Collection complète.* — Une des feuilles les plus spirituelles
> et les plus populaires de la Restauration. Orné de lithogra-
> phies hors texte : portraits d'acteurs et d'actrices, sujets, etc.,
> par *Delacroix, Chasselat, Pigal, Swebach, etc.*

93 — **Le Monde Comique**. 1ʳᵉ série, n° 1 à 68. 1 vol.;
2ᵉ et 3ᵉ séries, n° 1 à 244. 3 vol. ; Nouv. série, n° 1 à
103. 2 vol.; Nouvelle période, n° 1 à 434, et de la
18ᵉ année, n° 903 (6 fév. 1896), à la 20ᵉ année, n° 1015.
8 vol. Ens. 14 vol. — **Le Monde Plaisant**. Journal
hebdomadaire, comiqne et satirique. Rédacteur en
chef : Gust. Frison. De la 1ʳᵉ année, n° 1, 25 mai 1878,
à la 8ᵉ année, n° 383, 12 sept. 1885. 8 vol. — **La
Galerie Comique**, par Gust. Frison. Du n° 1 à 115;
2ᵉ série, du n° 1 à 32; 3ᵉ série, du n° 1 à 28. 3 vol.
et en nᵒˢ. — **Le Bon Vivant**, journal humoristique
de la Famille. Du n° 1, 18 nov. 1899, à la 2ᵉ année,
n° 68, 2 mars 1901. 2 vol. — Ens. 27 vol. in-4, *fig.*,
cart. Bradel, dos percal.

94 — **Le Monde Dramatique**. Revue des spectacles
anciens et modernes. 1ʳᵉ année, 1835, à 4ᵉ année, 1838

7 vol. — 2ᵉ série, tome Iᵉʳ, 1839, et tome III, 1841.
Ens. 9 vol. in-8, *pl. et fig.*, cart. Bradel, dos percal.
rouge, *non rognés, couv. conservées*, sauf au tome II.
> Bel ex. de cette revue, fondée par Gérard de Nerval et
> Fréd. Soulié. — Le tome III de la 2ᵛ série est *incomplet de
> texte et de planches, et il est rogné.*

95 — **Le Monte-Cristo**. Journal hebdomadaire de romans, d'histoire, de voyages et de poésie, publié et
rédigé par Alexandre Dumas seul. De la 1ʳᵉ année,
23 avril 1857, à la 3ᵉ année, 12 avril 1860. 6 vol. —
**Le Monte-Cristo**. Seul recueil de publications inédi-
tes d'Alexandre Dumas. 5ᵉ année, 14 janv. 1862, au
nº 81, 7 oct. 1862. 1 vol. — Ens. 7 vol. in-4, cart.
*(Manque les 3 numéros de la 4ᵉ année).*

96 — **La Mosaïque**, Nouveau Magasin pittoresque universel, livre de tout le monde et de tous les pays.
1ʳᵉ année, 1833-1834; 2ᵉ année 1834-1835 ; 3ᵉ année,
1835-1836 ; années 1837, 1839, 1845, et de 1873 à
1884. 18 vol. — **Le Musée des Familles**. Lectures
du soir. Du 1ᵉʳ volume, 1834, au tome 16, 1848-1849.
*(Manque les volumes 3, 4, 13 et 14).* 6 vol. — **Le
Musée Universel**. Journal hebdomadaire, 1ʳᵉ année
1894. 1 vol. — **La Grande Revue**. Journal de va-
riétés (devenu : Le Magazine). 1ʳᵉ année, 1888. 1 vol.
— 26 vol. in-4, *fig.*, cart.

97 — **Musée Artistique et Littéraire**. Revue hebdo-
madaire illustré, 1879-1880. 4 vol. in-4, brochés. —
**Courrier de l'Art**. 3ᵉ année, 1883. 1 vol. in-4, cart.
— **Le Portefeuille de l'Amateur**. 1857-1858. 15 nᵒˢ.
— **Zigzags** à la plume à travers l'Art. 1876. 17 nᵒˢ.
*(Manque les nᵒˢ 13 et 16).* — **Encyclopédie de l'Or-
nement**, par C. Malapeau. 60 planches. 1 vol. in-fol.
— Ens. 8 vol. in-fol. et in-4, cart., brochés et en nᵒˢ.

98 — **Le Musée des Deux-Mondes**. Reproductions en couleurs de tableaux, aquarelles et pastels des meilleurs Artistes par l'imprimerie Lemercier. *Paris, Bachelin-Deflorenne*, 1873-1877. 90 nᵒˢ en 8 vol. — **Art and Letters** an Illustrated Montly Magazine, conducted by J. Comyns Carr. Vol. I et II, 1881-1883. *London*. 2 vol. — 10 vol. in-4, demi-rel.

99 — **Musée des Familles**. Lectures du soir. *Paris, Delagrave*, 1892 à 1899. 8 vol. — **Musée des Familles**. 4ᵉ et 5ᵉ vol., oct. 1836 à sept. 1838. 2 vol. (*Incomplets*). — **La Semaine des Familles**. Revue universelle sous la direction de M. Alf. Nettement. Paris, 1864 à 1866, 3 vol. — **Les Soirées littéraires**. Journal de la famille. 1ʳᵉ année, 1879, à la 11ᵉ année, 1890. 11 vol. — **Journal du Dimanche**. Du 26 juillet 1893 au 4 nov. 1896. 7 vol. — Ens. 31 vol. in-8 et gr. in-8, *fig.*, eart. Bradel, dos perc.

100 — **La Nature**. Revue des Sciences et de leurs applications aux Arts et à l'Industrie. De l'orig., 7 juin 1873, à la 27ᵉ année, 5 août 1899, plus la 29ᵉ année (1ᵉʳ déc. 1900 au 9 mars 1901). Ens. 50 vol. gr. in-8, *fig.*, cart. Bradel, dos percal., non rognés.

101 — **Nos Financiers** en robe de chambre, par H. Gillet et P. d'Hormon. Du nᵒ 1, 2 nov. 1889, à la 11ᵉ année, nᵒ 14, 5 oct. 1899. (*Manque quelques nᵒˢ*). — **L'Assurance illustrée** et « Bulletin des Assurances » réunis. Du 1ᵉʳ nov. 1895 à la 6ᵉ année, sept. 1900. 1 vol. — Le **Progrès Foncier**. Du nᵒ 1, 9 mars 1887 au nᵒ 13, 1ᵉʳ juin 1887. 1 vol. — **Le Prévoyant de l'Avenir**. De la 9ᵉ année, 2ᵉ série, nᵒ 1, 1ᵉʳ fév. 1891, à la 18ᵉ année, nᵒ 126, 4 février 1900. 3 vol.

— **Bulletin officiel illustré des Sauveteurs.** De la 1re année, n° 1, oct. 1892, à la 2e année, n° 16, déc. 1893. 1 vol. — **Le Monde Humanitaire.** Eclaireur des Sociétés de Sauvetage, de Sauveteurs, Humanitaires, Philanthropiques, etc. De la 8e année, n° 153, 1er janv. 1891, à la 10e année, n° 215, 1er août 1893. 2 vol. — **Le Voyageur illustré.** Moniteur des Chambres syndicales des Voyageurs. 2e année, n° 1. 19 fév. 1888, au n° 36, 11 nov. 1888, 1 vol. — **L'Echo des Chemins de fer.** De la 1re année, n° 1, 10 juin 1894, à la 2e année, n° 45, 14 avril 1895. 1 vol. — **Le Larbin** (devenu : *Le Journal des Domestiques,* puis : *Le Journal de la Maison*). 1re année, n° 1 à 31 ; et 2e année, n° 1 à 26. 2 vol. — Ens. 20 vol. in-4 et in-fol., cart.

102 — **Panthéon des Illustrations françaises au XIXe siècle.** Académie Française. *Paris, A. Pilon; Lemercier, s. d.* 1 vol. — **Musée Français.** Portraits et biographies des Hommes de notre époque. *Paris, au bureau du Journal Amusant, s. d.,* 1 vol. — **Le Biographe.** *Bordeaux et Paris,* 1873-1876. 24 livraisons en 2 vol. — **Le Djinn.** Journal du High-Life. Portraits-charges, par L. Lopes Silva. Première année 1891. 4 nos. 1 vol. — Ens. 5 vol. in-fol., in-4 et in-8, cart. et demi-rel.

103 — **Panurge.** De l'orig., n° 1, 1er oct. 1882, au n° 29, 15 avril 1883. 1 vol. in-fol., *fig.*, cart., dos toile.

*Collection complète, avec le supplément du n° 21. Rédacteur en chef : F. Champsaur; rédacteurs : J. Claretie, Maupassant, Villiers de l'Isle-Adam, J. Lorrain. Illustrations de Willette, Dillon, Pille, etc.*

104 — **Paris**. Directeur : Comte de Villedieu. Du n° 1,
20 oct. 1852, au n° 410, 8 déc. 1853. 4 vol. in-fol.,
*lithog. de Gavarni,* cart. Bradel, dos percal.

> *Collection complète.* Journal littéraire quotidien, avec la
> collaboration d'*Alex. Dumas fils, E. et J. de Goncourt,
> H. Murger, Th. de Banville, A. Karr,* etc. Avec une litho-
> graphie inédite de *Gavarni,* dont le crayon lui était exclu-
> vement assuré. — Supprimé par jugement correctionnel.

104 *bis — Le même onvrage.* Du n° 1, oct. 1852, au n°
187, 27 avril 1833. 1 vol. in-fol., *fig.,* demi-rel.
*(Incomplet des n°s 28, 45, 129 (bis) et 131 (bis); le n°
31 est en double).*

105 — **Paris-Caprice**. Gazette illustrée, littéraire et artistique. De l'orig., n° 1, 14 déc. 1867, au tome VI, n° 142,
27 août 1870. 5 vol. — **Paris la Nuit**. Journal-guide
du joyeux viveur à Paris. De l'orig., n° 1, 11-16 mai
1889, à la 4e année, n° 276, 3 juill. 1892. 5 vol. —
**Paris-Cythère**. De l'orig., n° 1, 29 mai 1898, à la 5e
année, 29 déc. 1902. 5 vol. — **La Gaudriole**. De
l'orig., n° 1, 5 avril 1891, à la Xe année, n° 1017,
30 déc. 1900. 10 vol. — **La Revue Mondaine illustrée**. Année 1897. 1 vol. — **Les Demi-Vierges**. 1re
année, 15 avril-24 juin 1899. 1 vol. — **Le Boudoir**.
De l'orig., n° 1, 18 nov. 1896, à la 2e année, n° 32,
17 juillet 1897. 1 vol. — Ens. 28 vol. in-fol. et in-4°,
fig.,cart. Bradel, dos percal.

105 *bis* — **Paris illustré**. 1re série, du n° 1, 1883, au
n° 61, 1er avril 1887. 5 vol. — 3e série. Du n° 1, 7 janv.
1888 , au n° 117, 29 mars 1890. 5 vol., en feuilles. —
Ens. 10 vol. in-fol., dont 5 cart.

105 *ter* — **Paris illustré**. 1re série, du n° 1, 1883, au
n° 61, 1er avril 1887. 5 vol.

> On y a joint les tomes I et II, *en éditions de luxe sur Japon.*

(4 liv. sur chine). (Manque les livraisons 4, 16 et 17), plus les tomes I et II, en édition ordinaire, soit ens. 9 vol., en livraisons.

106 — **Paris-Revue**, artistique et littéraire. Du n° 1 au n° 46, 16 fév.-28 déc. 1889, 1 vol. — **Paris qui passe**. 5e année, n° 91, 27 mai 1894, à la 8e année, n° 143, 8 août 1897. 2 vol. — **Le Parisien de Paris**. Du n° 1, 10 janv. 1897 au n° 93, 29 janv. 1899. 2 vol. — **Paris-Gaulois** (devenu **Paris-Partout**). Journal hebdomadaire, illustré et littéraire. Du n° 1, 4 juin 1899, au n° 16, 17 sept. 1899, 1 vol. — Ens. 6 vol. in-4° et in-fol., cart. Bradel, dos percal.

107 — **Paris-Théâtre**. 2e année, n° 33, 1er janv. 1874, à la 5e année. n° 241, 2 janv. 1878. 4 vol., *photographies*. — **Album Théâtral**. De la 2e année, n° 1, 2 nov. 1856, au n° 35, 5 juill. 1857. 1 vol. — **Le Théâtre illustré** (ex-album des théâtres). 2e année, 1868. Du n° 1 au n° 78. 1 vol. — **La Revue théâtrale** illustrée, 1re année, 1869, à la 12e année, 1880. 77 numéros dépareillés. — **Lyon - Théâtre**. 2e année, n° 1, 4 janv. 1874, au n° 52, 27 déc. 1874. 1 vol., *photographies*. — **L'Avenir Dramatique**. 1re année, n° 1, 27 déc. 1890, au n° 31, 25 juill. 1891. 1 vol. — **La Soirée**. 1re année, n° 1, janv. 1895, au n° 31, mars 1895. 1 vol. — **Le Costume au Théâtre et à la Ville**. Du n° 1, 15 déc. 1886, à la 4e année, n° 13 (46e livraison), 1890. (*Manque les livraisons 7 à 16, 25, 26, 32 à 42, 44 et 45*). En numéros, dans un cart. spécial. — **Le Costume au Théâtre**. 50 pl. en couleurs par Cernuschi, Mesplés, Mucha, etc. 1 album in-8, cart. ill. (*Ex. sur japon*). — 12 vol. in-fol., in-4° et in-8, cart., demi-rel. et en ff.

108 — **Le Parisien de Paris**. Journal hebdomadaire
illustré. De l'orig., n° 1, 10 janv. 1897, au n° 73,
29 mai 1898. 3 vol. in-fol., *fig.*, cart. Bradel, dos et
coins percal. v.
   Édition de grand luxe, sur **papier du Japon**.

108 *bis* — **La Patrie**. Partie illustrée, de 1887 à 1901.
22 vol. — **La Presse**. Partie illustrée, de 1881 à
1901. 13 vol. — Ens. 35 vol. gr. in-fol., cart. toile.

109 — **Le Pays illustré**. Journal hebdomadaire. De la
1re année, 7 oct. 1893, jusqu'au 5 août 1900. (*Manque
quelques n*os). 9 vol. — **Le Quotidien illustré**. De la
1re année, n° 1, 11 déc. 1894, à la 2e année, n° 216,
15 juillet 1895. (*Manque quelques n*os). 4 vol. — **L'Intransigeant illustré**. De la 1re année, n° 1, 18 sept.
1890, à la 5e année, n° 188, 19 avril 1894. (*Manque
quelques n*os). 3 vol. — **La Semaine illustrée**. De la
1re année, n° 1, 29 mai 1898, à la 3e année, n° 52,
30 déc. 1900. (*Manque quelques n*os). 3 vol. — **L'Illustré National**. De la 1re année, n° 1, 13 fév. 1898,
à la 3e année, n° 52, 30 déc. 1900. 3 vol. — Ens.
22 vol. in-fol. et in-4.

110 — **Le Père Peinard**. Du n° 1, 24 février 1889, à la
6e année, n° 253, 21-28 janv. 1894. En numéros. —
**L'Égalité**. Organe collectiviste révolutionnaire. 1880.
30 nos. — **La Cloche**. 1882-1883. 16 nos. — **La République Sociale**. Journal international, littéraire.
1881-1882. 24 nos. — **Le Monde Nouveau**. Organe
sociologique illustré. 1894-1896. 53 nos.

111 — **Le Pétard**. Journal grivois, drolatique et facé-
tieux. Directeur-rédacteur en chef : Alfred Le Petit.

De la 1<sup>re</sup> année, n° 1, 24 juin 1877, au n° 111, 24 juill.
1888. (*Manque les n<sup>os</sup> 106, 107 et 110*). En feuilles. —
**La Jeune Garde.** Journal politique, humoristique
et satirique. 1<sup>re</sup> année, n° 1, 6 mai 1877, au n° 162,
6 juin 1880, et 2<sup>e</sup> série, 17 déc. 1885, au n° 511
(8<sup>e</sup> année), 18 fév. 1894. (*Manque quelques n<sup>os</sup>*). En
feuilles. — (*On y a joint de nombreux tirages à part
et dessins originaux des deux publications ci-dessus*).

112 — **Le Petit Bleu** de Paris. Partie illustrée, de
l'orig., 1898 à 1900. 10 vol. — **Le Petit Journal.**
Partie illustrée, de 1877 à 1900. 15 vol. — **Le Petit
Journal.** Supplément, de 1885 à 1900. 12 vol. — **Le
Petit Parisien.** Partie illustrée, de 1892 à 1897,
1 vol. — **Le Petit Parisien.** Supplément littéraire
illustré. De l'orig., 1889 à 1900. 11 vol. — 49 vol. in-
fol. et gr. in-fol., cart. toile.

113 — **Le Petit Chasseur illustré.** Directeur : Marc
de Brus. 1<sup>re</sup> et 2<sup>e</sup> années, 1890-1891 (n<sup>os</sup> 2 à 7, 22 à 31).
1 vol. — **Le Chasseur illustré** (hebdomadaire).
Organe officiel de la Société Centrale des Chasseurs.
Directeur : Marc de Brus. 3<sup>e</sup> année, 1892 (n° 6);
4<sup>e</sup> année, 1893 (n<sup>os</sup> 43 à 47, 49 et 53); et de la 5<sup>e</sup> année, 1894, à la 9<sup>e</sup> année, 1898. 5 vol., et en n<sup>os</sup>. —
**L'Escrime.** Gazette des salles d'Armes, des Tirs et
des Sports. Du n° 2, 16 oct. 1881, au n° 13, 1<sup>er</sup> janv.
1882, et 2<sup>e</sup> année, n<sup>os</sup> 1, 8 janv. 1882. 14 numéros. —
**L'Escrime Française.** Rédacteur en chef : Emile
André. De la 1<sup>re</sup> année, n° 1, 9 fév. 1889, à la 5<sup>e</sup> année, n° 93, 2<sup>e</sup> quinzaine de janv. 1893. (*Manque le
n° 26*). 2 vol., et en n<sup>os</sup>. — **L'Aviron.** Organe spécial
du Rowing. De l'orig., 1<sup>re</sup> année, n° 1, 5 juin 1886 à la

3ᵉ année, nº 17, 4 fév. 1888. 2 vol. — Ens. 10 vol. in-fol. et in-4, cart., et livraisons.

114 — **Le Petit Figaro. — La Chronique illustrée.**
Du 27 avril 1868 au 27 déc. 1872, plus 2 nᵒˢ parus en 1875 et 1876. 2 vol. gr. in-fol., *port., figures, carica-tures*, etc., cart., dos toile.

115 — **Le Petit Journal pour Rire.** De l'orig., 1856 à 1900. 44 années en 44 vol. in-4, fig., cart.

116 — **La Petite Revue.** Journal illustré de la Famille. De la 1ʳᵉ année, nº 1, 26 mai 1888, à la 14ᵉ année, nº 666, 3 mars 1901. 20 vol. — **Violette-Revue.** Jour-nal hebdomadaire illustré de la Famille. De la 1ʳᵉ an-née, nº 1, 10 déc. 1898, à la 3ᵉ année, nº 43, 21 oct. 1900, 5 vol. — **La Revue Mame.** Journal hebdo-madaire de la Famille. De la 1ʳᵉ année, nº 1, 7 oct. 1894, à la 7ᵉ année, nº 329, 20 janv. 1901. 13 vol. — Ens. 38 vol. in-4, *fig.*, cart. Bradel, dos percal.

117 — **Le Pierrot.** Directeur : A. Willette. Rédacteur en chef : M. Emile Gondeau. De l'orig., 1ʳᵉ année, nº 1, 6 juillet 1888, au nº 1, 3ᵉ année, 20 mars 1891. Col-lection complète. *Ex. contenant un certain nombre de numéros sur hollande ; le dernier nº en 4 papiers diffᵗˢ : Japon, Holl., etc. On y a joint une affiche de Willette, 1 invitation, etc.,* 1 vol. — **L'Echo de Paris** littéraire illustré. 1ʳᵉ année, nº 2, 7 fév. 1892, à la 2ᵉ année, nº 53, 29 janvier 1893. (*Manque quelques nᵒˢ*). Dessins de *Forain.* 1 vol. — **Le Boule-vard.** De l'orig., nº 1, 9 fév. 1892, au nº 13, 3 mai 1892. 1 vol. — 3 vol. in-fol., *fig.*, cart.

4

118 — **La Plume**. De l'orig., n° 1 (15 avril 1889), à la 13ᵉ année, n° 287 (1ᵉʳ avril 1901). Ex. en livraisons.

Manque titres et tables des années 1894, 1895 et 1896.

119 — **La Plume. Edition de luxe sur papier du Japon**. De la 6ᵉ année, n° 113 (1ᵉʳ janv. 1894), à la 13ᵉ année, n° 283 (1ᵉʳ fév. 1901). Exemplaire en livraisons.

Manque le titre de l'année 1899 et la table de l'année 1900. Incomplet de quelques planches hors texte.

On y a joint : 1° les catalogues et affiches (la plupart en double état, *avant* et avec lettre) des Expositions des Cent; 2° Environ **100 dessins originaux** parus dans la Plume, par Maurice Dumont, Cazals, Jossot, Lunel, Grün, etc.; 3° Environ **90 dessins originaux**, Concours de la Plume.

120 — **La Revue Parisienne**. De la 5ᵉ année, n° 1, 24 mars 1877, à la 6ᵉ année, n° 23, 13 juin 1878. — **Le Papillon**. Rédacteur en chef : Olympe Audouard. Du n° 7, 5 juin 1881, à la 2ᵉ année, n° 44, 18 fév. 1883. (*Incomplet.*) — **L'Echo**. Moniteur de la Famille. De la 3ᵉ année, n° 59, 12 nov. 1882, à la 3ᵉ année, n° 107, 14 oct. 1883. — **Le Courrier des Gaules**. De la 6ᵉ année, n° 2, 10 janv. 1886, à la 7ᵉ année, n° 13, 26 mars 1887. — **La Revue Domestique**. 1ʳᵉ année, 1ᵉʳ vol., 1892-1893. 1 vol. broché. — **L'Arlequin**. Du n° 1, 16 janv. 1892, à la 2ᵉ année, n° 58, 18 fév. 1893. (*Manque le n° 56*).

121 — **Psst....!** Images, par Forain et Caran d'Ache. *Paris, Plon*, 1898-1899, 2 vol. in-4°, brochés, *couv. ill.*

Collection complète. — *Edition de luxe* sur **papier fort**.

122 — **Psst...!** Images par Forain et Caran d'Ache. Du n° 1, 5 fév. 1898, au n° 85, 10 sept. 1899. 1 vol, —

**Le Sifflet**. Du nº 1, 17 fév. 1898, à la 2e année, nº 20, 16 juin 1899. 1 vol. — **L'Anti Clérical.** Du nº 1, 11 déc. 1898, au nº 7, 22 janv. 1899. 1 vol. — **La Feuille**, par Zo d'Axa, Du 6 oct. 1897, au 28 mars 1899, 25 nᵒˢ. 1 vol. — Ens. 4 vol. in-fol., *fig.*, cart. bradel, dos percal.

123 — **Raffaelli. Les Types de Paris**. Edition du *Figaro*. 1889. 10 livraisons. — **L'Année dans un Fauteuil**, par Jules de Marthold. Dessin de J.-A. Loron, Lebègue et Job. 1888-1889. 2 livraisons. — **Le Haschisch**. Journal de fantaisies littéraires et de caprices à l'eau-forte, par A. Monnier. *Paris*, 1876. 6 livraisons. — **Le Musée des Souverains**, par Léandre, Véber et Cadel. 1898. *Ex. sur pap. du Japon.* — **L'Obole** de la vie moderne aux inondés de Murcie. 2 exemplaires, *dont 1 imprimé sur satin rose, et l'autre sur papier de Chine.* Ens. 6 vol.

124 — **Revue de Cavalerie**. De la 1ʳᵉ année, 1885, à la 5e année, 1889. 57 livraisons. In-8, brochés, couv. ill. (Manque la 12e livraison, mars 1886; les livraisons 25, 27, 29 et 34 sont en double).

125 — **Revue Illustrée**. Publication bimensuelle. F.-G. Dumas, rédacteur en chef. Du tome troisième (1ʳᵉ année), nᵒˢ 25, 15 déc. 1886, au tome XXI (11ᵉ année), nº 246, 1ᵉʳ mars 1886. 19 vol. in-4º, fig., cart. Bradel, dos percal.

> Manque les nᵒˢ 44 à 46 (1ᵉʳ oct.-1ᵉʳ nov. 1887), 50 à 60 (1ᵉʳ janv.-1ᵉʳ juin 1888), 172 (1ᵉʳ fév. 1893) et 178 à 182 (1ᵉʳ mai-1ᵉʳ juill. 1893).

126 — **Le Rire**. Journal humoristique paraissant le samedi. De l'orig., 10 nov. 1894, au 21 déc. 1907. 27

vol. — **Le Sourire**. De l'orig., 1^re année, n° 1, 28 oct.
1899, à la 6^e année, n° 271, 31 déc. 1904. 11 vol. —
Ens. 38 vol. in-4, fig., cart. Bradel.

127 — **Les Romans inédits**. Fayard ff., directeurs. De
l'orig., n° 1 à 102; 2^e série, n° 1 à 133 ; 3^e série, n° 1 à
212 ; 4^e série, n° 1 à 156 ; 5^e série, n° 1 à 79. 9 vol. —
**Les Romans Célèbres**. Du n° 1, 1^re année, 2 oct.
1893, à la 3^e année, n° 325. 5 vol. — **Le Roman
pour tous**. Journal littéraire. Nouvelle série, n° 1,
année 1890, au n° 95, 7 fév. 1891. 2 vol.— **La Revue
Populaire**. Journal bi-hebdomadaire illustré. Années
1884-1885. 2 vol. — **La Vie Populaire**. De la 1^re
année, n° 1, 29 fév. 1880, au 17 juillet 1884. 6 vol.—
24 vol. in-4, fig., cart. Bradel percal.

128 — **La Rue**. Rédacteur en chef : Jules Vallès. De
l'orig., 1^re année, n° 1, 1^er juin 1867, au n° 34, 2^e année, 18 janv. 1838. — La Rue. Du 17 mars 1870 au
n° 27, 12 avril 1870, plus un n° 28 daté du Samedi
Saint, donnant le jugement de condamnation du
journal. — La Rue. Du n° 1, 29 nov. 1879, au n° 5,
28 déc. 1879. — Ens. en 1 vol. in-fol., cart. *(Coll.
complète)*.

129 — **La Science Française**. Revue populaire illustrée
(devenue en 1899 : La Science Française et la Science
pour tous). De l'orig., n° 1, 8 mars 1891, au n° 312,
X^e année, 18 janv. 1901. 18 vol. — **La Science en
Famille**. Revue illustrée. Du 1^er vol., 1886-1887, au
7^e vol, 1893. 7 vol. — **Journal des Connaissances
utiles**. Recueil encyclopédique de la Famille. Du n° 1,
25 janv. 1893, au n° 60, 25 déc. 1897. *(Manque les*

*n*ᵒˢ 2 à 7). 5 vol. — **Les Inventions Illustrées.** Du
n° 1, mars 1899, à la 3ᵉ année, n° 3, 7 avril 1901.
(*Manque quelques n*ᵒˢ *?*). 3 vol. — Ens. 33 vol. in-4,
fig., cart. Bradel, dos percal.

130 — **Le Sifflet.** De la 1ʳᵉ année, n° 1, 21 janv. 1872, à
la 6ᵉ année, n° 290, 12 avril 1877. 6 vol. in-fol., *fig.*
*de H. Meyer, A. Humbert, Ladreyt, H. Demare,*etc.
cart. dos percal.

> Ex. contenant ajoutés un très grand nombre de *tirages à*
> *part des illustrations* et de *numéros doubles, en noir et colo-*
> *riées.*

131 — **Le Sifflet.** De l'orig., n° 1, 21 janv. 1872, au
n° 102, 28 déc. 1873. 1 vol. — **La Scie.** De l'orig.,
n° 1, 23 juin 1872, au n° 40, 23 mars 1873. 1 vol.
(*Complet*). — **Le Titi.** De l'orig., n° 1, 31 oct. 1878,
à la 3ᵉ année, n° 62, 3 janv. 1882. (*On y a joint un*
*grand nombre de tirages à part*). 1 vol. (*Complet*). —
Ens. 3 vol. in-fol. *Caricatures par H. Demare, Mo-*
*loch, Ladreyt, A. Lemot, H. Meyer, etc., cart.*

132 — **La Silhouette.** Revue satirique, encyclopédie
de l'A-propos. Du n° 23, 8 juin 1845 au 18 août 1850.
1 vol. in-4, *fig.*, et en numéros.

> Rédacteurs : *Eug. Fau, de Bragalonne, de Balattrier,*
> *Vitu, Max de Revel, Gérard de Nerval.* — Le sous-titre de
> ce journal a beaucoup varié.
> Ex. en formation, comprenant de la 1ʳᵉ année, n° 23,
> 8 juin 1845 au n° 72, 17 mai 1846 (moins les nᵒˢ 24, 25, 28,
> 43, 62, 63 et 67); et de la 5ᵉ année, nᵒ 2, 9 janv. 1848, à la
> 7ᵉ, 18 août 1850 (moins les nᵒˢ 3, 4, 6 à 13, 16 à 19 et 35 de
> 1848; nᵒˢ 28, 30 à 33, 35, 38 à 41 et 45 de 1849 et nᵒˢ 26,
> 30 à 32 de 1850). — Un certain nombre de numéros sont en
> double et même en triple exemplaire.

133 — **La Silhouette,** politique, satirique et financière.
M. Mˢᵉ Lagarde, directeur. Du n° 1, 9 sept. 1880, au

n° 1037, 2 fév. 1896. 13 vol. in-fol., *fig.*, cart., et en feuilles. (*Manque les n^os 929 à 943*),

134 — **La Soirée**. Théâtre, littérature, finances. Journal quotidien illustré. De la 1^re année, n° 1, 10 déc. 1885, à la 2^e année, n° 117, 16 avril 1886. 1 vol. — **La Journée**. Journal quotidien illustré. De la 1^re année, n° 1, 23 nov. 1885, au 1^er avril 1886. 2 vol. — **L'Actualité**. Journal politique quotidien illustré. Du n° 1, 27 mai 1894, au n° 84, 19 août 1894. 1 vol. — **Le Flirt**. Littéraire illustré hebdomadaire. 1^re année, n° 1, 4 déc. 1892, à la 6^e année, n° 233, 6 fév. 1897. (*Incomplet de quelques n^os*). 2 vol. — **Paris-Roman-Illustré**. Journal républicain, quotidien, humoristique et littéraire. Du n° 1, 13 mai 1886, au n° 23, 5 juin 1886, 1 vol. — **L'Actualité**. Journal quotidien. De la 1^re année, n° 1, 21 mars 1884, au n° 196, 3 oct. 1884. 2 vol. — **L'Actualité**. Supplément littéraire. 1 vol. — **L'Opinion**. Nouveau journal républicain. De la 8^e année, n° 2584, 1^er octobre 1884, à la 9^e année, n° 3036, 30 déc. 1885. (*Manque quelques n^os*). 4 vol. — **Le Populaire**. 1^re année, n° 1, 5 nov. 1884, au n° 51, 26 déc. 1884 . 1 vol. — Ens. 15 vol. gr. in-fol., cart.

135 — **Le Soleil du Dimanche**. De la 2^e année, n° 50, 15 déc. 1889, à la 13^e année, n° 52, 30 déc. 1900. 29 vol., plus 3 vol. de feuilletons. — Ens. 32 vol. in-fol. et in-4, cart., dos percal. et toile pleine.

136 — **La Terre illustrée**. Voyages, romans, aventures, curiosités, chasses, pêches. De l'orig. n° 1, 8 nov. 1890, à la 5^e année, n° 264, 24 nov. 1895. 8 vol. — **Le Petit Voyageur illustré**. Du n° 1 au n° 156. 3 vol. — Ens. 11 vol. in-4, fig., cart.

137 — Théâtre. — **La Presse Théâtrale**, ancien Colporteur. 1re année, n° 11, 30 déc. 1854, à la 2e année, n° 52, 30 déc. 1855. 1 vol. — **Paris-Comique**. Semaine théâtrale illustrée. 1re année, n° 1, 25 mai 1867, au n° 15, 10 août 1867. 1 vol. — **Bruxelles-Théâtre**. 2e année, n° 2, oct. 1874, à la 3e année, n° 52, mai 1877, 2 vol. — **Camées Artistiques**. Du n° 1, 8 mai 1880, à la 4e année, n° 152, 31 mars 1883. En numéros. — **Le Théâtre Libre** illustré (1889-1890). 1 vol. — **Les Premières illustrées**. De la 1re année (1881-1882) à la 6e année (1886-1887) 6 vol., en livraisons (*quelques manques*). — **Comœdia illustré**. De la 1re année, n° 6, 15 mars 1909, à la 3e année, n° 3, 1er nov. 1910. (*manque les nos 12 et 13 de la 2e année*). En numéros.

138 — **Théâtres, Cafés-Concert**. Journaux divers. — Un fort lot.

139 — **Le Tintamarre**. Critique de la Réclame, satire de Puffistes. Directeur et rédacteur en chef: M. Commerson. Années 1856 à 1859. 4 vol. in-fol. demi-rel. — **Le Petit Tintamarre**. 1857. 1 vol. in-4, broché. Ens. 5 vol.

140 — **Triboulet**. Journal artistique et satirique. De l'orig., 13 janv., au 10 fév. 1856; repris sous le n° 1, 7 mars 1857, au n° 16, 29 avril 1857, puis *Triboulet et Diogène*, du n° 17 au n° 20, 2 mai au 13 mai 1857; enfin devenu : **Le Rabelais**, 1re année, n° 1 (n° 21), 16 mai 1857, au (n° 70), 4 nov. 1857. 1 vol. in-4, *fig.* de Nadar, *G. Doré*, etc., demi-rel.

*Collection complète.*

Rédacteurs : *A. Delvau, A. Rolland, Ch. Bataille, A.*

*Scholl,* etc. On y rencontre aussi les noms de *Monselet,*
*Murger, Baudelaire,* etc. Ce journal succomba après 70 nᵒˢ
sous les poursuites de la justice.

141 — **La Vie au Grand Air.** Revue illustrée de tous
les Sports. De l'orig., nᵒ 1, 1ᵉʳ avril 1898, à la 4ᵉ année,
nᵒ 128, 24 fév. 1901. 5 vol. — **En Plein Air.** Revue
hebdomadaire illustrée. Du nᵒ 1, 6 oct. 1888, au nᵒ 26,
30 mars 1889, 1 vol. — **La Gazette des Sports**
illustrés. Du nᵒ 1, 17 juin 1882, au nᵒ 21, 18 nov. 1882.
1 vol., *en ff.* — **La Revue du Turf** illustrée. Publication mensuelle dirigée par Jacques Lozère. Du nᵒ 1,
15 fév. 1888, à la 2ᵉ année, nᵒ 27, 15 avril 1889,
2 vol. — **Revue Sportive.** Du nᵒ 8 (1ʳᵉ année),
2 juin 1892, au nᵒ 12, 16 juin 1892 (Manque le nᵒ 11).
1 vol. — **L'Echo des Sports de Paris**, 1892-1894.
2 vol. (*incomplet*). — **La Revue des Sports** (Les
Rois du Cycle, le Sport nautique et le Monde
sportif réunis). Du nᵒ 1, 8 mars 1895, au 20 déc. 1895.
2 vol. — **Journaux divers de Sports,** numéros dépa-
reillées, de 1887 à 1901. 3 vol. — 17 vol. gr. in-fol.
et in-4ᵒ, cart.

142 — **La Vie illustrée.** De l'orig., 1ʳᵉ année, nᵒ 1,
20 oct. 1898, au nᵒ 119, 25 janv. 1901. 5 vol. —
**Paris-Revue.** 2ᵉ année, nᵒ 47, 4 janv. 1890, à la
3ᵉ année, nᵒ 115, 24 avril 1891. (*Incomplet*). 1 vol. —
**Le Messager Français.** De l'orig., nᵒ 1, 8 mars 1891,
au nᵒ 43, 27 déc. 1891. 1 vol. — **Revue Parisienne.**
de la 1ʳᵉ année, nᵒ 1, avril 1899, à la 2ᵉ année, nᵒ 12,
mars 1900. (*Manque les nᵒˢ 7 et 10*). 1 vol. — **La**
**Revue des Rhumatisants.** Du nᵒ 1, 1ᵉʳ déc. 1898, à
la 3ᵉ année, nᵒ 3, 1ᵉʳ fév. 1900. 1 vol.

143 — **La Vie Moderne.** Journal hebdomadaire illustré,
littéraire et artistique. De l'orig., première année,

1879 à la 11ᵉ année, 1889, 21 vol. On y a joint les
12ᵉ et 13ᵉ années, 1890-1891. (*Incomplètes*). 1 vol. —
Ens. 22 vol. in-fol., *fig.*, demi-rel. (1 cart.).

144 — **La Vie Parisienne**, dirigée par Marcellin.
Mœurs élégantes, choses du jour, fantaisies, voyages,
théâtres, musique, modes. De la 3ᵉ année, 1865, à la
7ᵉ année, 1869, et de la 11ᵉ année, 1873, à la 19ᵉ année 1881. Ens. 28 vol. in-fol., fig., demi-rel. chag.
bleu.

145 — **La Vie Parisienne**, dirigée par Marcellin.
Mœurs élégantes, choses du jour, fantaisies, voyages,
théâtres, musique, modes. De l'orig., 1ʳᵉ année, 1863,
à la 39ᵉ année, 1901. Ens. 28 vol. in-fol., demi-rel.
et 16 années, en numéros.

> *Manque les années 1864, 1872, 1882 à 1886, et 1893.*—
> Les années 1870, 1871, 1896, 1897 et 1901 sont incomplètes,
> et quelques nᵒˢ manquants aux années 1863 (5 nᵒˢ), 1888
> (1 nᵒ), 1890 (1 nᵒ), 1894 (14 nᵒˢ).
>
> Les années 1865 à 1869 et 1873 à 1881 sont reliées.
> On y a joint plus de *1200 fumés d'illustrations* de cette
> publication, et un certain nombre de numéros doubles.

146 — **La Vie sportive**. De l'orig., nᵒ 1, 3 fév. 1883, au
nᵒ 596, 27 fév. 1889. — **Le Sport**. (Vie sportive,
Sport et Sportman réunis). Du 2 mars 1889 au 5 août
1891. 17 vol. in-fol., fig., demi-rel. chag.

147 — **L'Art et la Mode**. De l'orig., 1880 à 1883 (*incomplets*), et de 1893 à 1900 inclus. Ens. 32 vol. in-fol.,
cart. Bradel, dos percal.

148 — **La Mode Nationale**. Messager des Modes nouvelles. Du nᵒ 1, 1ᵉʳ mai 1886, au nᵒ 67, 6 août 1887,

n° spécimen, 1889, et de la 9e année, n° 16, 21 août 1894 à la 16e année, n° 4, 26 janvier 1901. Ens. 14 vol. — **Le Petit Echo de la Mode.** De la XIVe année, n° 22, 29 mai 1892, à la XVe année, n° 5, 29, janv. 1893, et de la XVIe année, n° 16, 22 avril 1894, à la XXIIIe année, n° 5, 3 fév. 1901. Ens. 15 vol., plus 3 vol. de Romans. — **La Mode du Petit Journal.** Du n° 1, 14 janv. 1896 au 3 mars 1901. 10 vol. — Ens, 42 vol. in-fol., *fig.*, cart. Bradel, dos percal.

149 — **La Mode Artistique.** par Janet. Du n° 49 (1871) au n° 569 (15 sept. 1892) 10 vol. — **La Mode Pratique.** Revue de la Famille. De l'orig., 12 déc. 1891, au 19 janv. 1901. (*L'année 1893 manque*). 14 vol., plus 3 de Romans. — **France Mode.** De la 1re année, n° 1 14 juill. 1888, à la 14e année, n° 9, 2 mars 1901. 9 vol. — Ens. 38 vol. in-fol., *fig. et pl.*, cart. Bradel, dos percal.

150 — **La Nouvelle Mode.** De l'orig., 13 mai 1894, au 3 mars 1901. 14 vol. — **La Mode du Jour** (et **la Mode du Journal**). De l'orig., 16 sept. 1894, au 13 juin 1896 (et du 20 juin 1896 au 4 août 1898). 7 vol. — **La Toilette des Enfants.** Journal de Modes enfantines. De l'orig., janv. 1896, à janv. 1901. 5 vol. — **Le Journal de la Beauté.** De l'orig., 1897, au 5 mars 1901. 3 vol. — **La Vraie Mode.** De l'orig., 18 août 1898 au 3 mars 1901. 5 vol., plus 1 vol. de *Romans.* — Ens. 35 vol. in-fol. et in-4, *fig.*, cart. Bradel, dos percal.

151 — **Paris-Mode.** De la 4e année, 5 août 1893, à la 12e année, 15 janv. 1901 (plus le n° 1 de la 1re année et le n° 10 de la 2e). 15 vol., plus 1 de Romans. —

**La Mondaine.** Revue de l'Elégance. 2ᵉ année, 1ᵉʳ janv.-1ᵉʳ déc. 1898. 2 vol. — **Le Favori de la Mode.** Journal entièrement français. De l'orig., 1894, au 16 mai 1899. 8 vol. — **Le Monde et les Théâtres.** 13ᵉ année, n° 1, 1ᵉʳ nov. 1897, à la 14ᵉ année, n° 22, 16 nov. 1898. 2 vol. — **La Dernière Mode** dans le monde et les théâtres. De la 3ᵉ année, n° 1, 15 janv. 1898, à la 4ᵉ année, n° 31, 16 août 1899. 1 vol. — Ens. 27 vol. in-fol. et in-4, *fig. et pl.*, cart. Bradel, dos percal.

151 *bis* — **Hatin** (Eug.). Histoire politique et littéraire de la Presse en France. Avec une introd. historique sur les origines du Journal et la Bibliographie générale de tous les journaux depuis leur origine, *Paris, Poulet-Malassis*, 1859-1861, 8 vol. in-8°, brochés, *couv. imp*.

152 — **Fumés d'illustrations de Journaux,** revues, etc. — Réunion de plus de 4000 pièces.

152 *bis* — **Draner. Dessins et Croquis originaux** pour divers journaux illustrés. — Plusieurs milliers de pièces.

153 — Sous ce n°, il sera vendu, en lots, un grand nombre de Journaux illustrés.

PARIS

# VIE DES GRANDS CAPITAINES.

PRÉCIS DE LA VIE DES GRANDS CAPITAINES.

Paris. — Imprimerie de H. V. de Surcy et C<sup>e</sup>, rue de Sèvres, 37.

# PRÉCIS

## DE LA

# VIE DES GRANDS CAPITAINES

PAR

## M. DE COLONJON

Chef d'escadron au 2e régiment de chasseurs d'Afrique

# PARIS

**LIBRAIRIE MILITAIRE, MARITIME ET POLYTECHNIQUE**
**DE J. CORRÉARD**
Libraire-éditeur et libraire-commissionnaire
RUE SAINT-ANDRÉ-DES-ARTS, 58

1857

# ÉPAMINONDAS, — DESAIX.

Il est peu de grands capitaines dont la vie offre des traits d'une ressemblance aussi frappante qu'Épaminondas et Desaix. Tous les deux se sont fait remarquer par la simplicité de leurs mœurs et la modestie de leur cara tère ; tous les deux n'ont ambitionné d'autre gloire que de consolider la liberté de leur patrie et d'en étendre la puissance, tous les deux ont été estimés de leurs ennemis, autant qu'ils étaient aimés de leurs soldats ; tous les deux enfin ont trouvé la mort au sein du plus glorieux triomphe. Nous allons donner le précis de la vie de ces deux grands capitaines, dont les actions n'honorent pas moins l'humanité que le pays qui les a vus naître.

# ÉPAMINONDAS.

—

Épaminondas est une des plus belles figures historiques que nous présentent les temps de l'antiquité. Il naquit à Thèbes en Béotie, d'une famille pauvre, mais des principales de la ville. A peine sorti de l'enfance, il montrait déjà la plus grande ardeur à s'instruire, il excellait dans tous les exercices du corps, qui faisaient une partie si essentielle de l'éducation des anciens. Il ne faisait pas des progrès moins rapides dans les connaissances de l'esprit, qui élèvent l'âme et lui donnent le goût des grandes actions. Il se sentait principalement entraîné vers l'art oratoire; son éloquence, qui lui a fait aussi un nom dans la Grèce, était forte et sévère, ainsi que son caractère; comme il ne recherchait dans ses discours que la vérité, il se piquait peu d'y montrer les ornements de l'art. Étant encore fort jeune, il eut le bonheur de faire la connaissance d'un pythagoricien nommé Lysis, qu'il retira chez lui dans un âge plus avancé, malgré la modicité de sa fortune. Il se plaisait beaucoup dans la société d'un philosophe, sous les yeux duquel il se formait à la pratique des solides vertus, dont il a donné de continuels exemples dans le cours de sa glorieuse carrière.

Avec tant de belles qualités qui le montraient de si bonne heure aux regards de ses concitoyens, Épaminondas, cependant, ne se pressait pas de se faire connaître. Il cachait sa vie, selon le conseil des sages, pour être en état un jour de se rendre utile aux autres. Il attendait une occasion digne de lui pour paraître dans les affaires de la Grèce. Cette occasion se présenta à la diète de Lacédémone.

Il s'agissait dans cette assemblée de décider si d'après le traité d'Antalcidas, la liberté serait rendue aux villes de la Grèce. Agésilas, roi de Sparte, dirigeait les opérations de la diète. Épaminondas y avait été envoyé pour défendre les intérêts de sa patrie. Les discussions entre les députés de la Grèce, furent longues et animées. Les Lacédémoniens, en tenant dans leur dépendance les villes de la Laconie, exigeaient avec hauteur que celles de la Béotie ne fussent plus asservies aux Thébains. Comme ils se répandaient en plaintes amères contre ces derniers et qu'ils ne s'exprimaient plus avec leur précision ordinaire, Épaminondas, fatigué de leurs prolixes invectives, leur dit un jour : — «Vous conviendrez du moins que nous vous avons forcés d'allonger vos monosyllabes.» — Le Thébain insistant ensuite avec force sur la

nécessité d'un traité uniquement fondé sur la justice
et sur la raison.—«Et vous paraît-il juste et raisonnable, dit Agésilas, d'accorder l'indépendance aux villes de la Béotie?»—«Et vous, répondit Épaminondas,
croyez-vous raisonnable et juste de reconnaître celle
de la Laconie?»—«Expliquez-vous nettement, reprit
Agésilas enflammé de colère, je vous demande si les
villes de la Béotie seront libres?»—«Et moi, répondit
fièrement Épaminondas, je vous demande si celles de
la Laconie le seront?»—A ces mots, Agésilas effaça du
traité le nom des Thébains, et l'assemblée se sépara.

A l'époque où ces événements se passaient, la
ville de Sparte occupait le premier rang dans la
Grèce. Depuis la guerre du Péloponèse où elle avait
abattu la puissance d'Athènes, elle ne voyait plus autour d'elle aucun ennemi capable de lui résister; elle
exerçait sa domination sur les villes qui lui étaient
soumises ou alliées avec une hauteur et une fierté qui
lui avait aliéné tous les cœurs. Thèbes avait principalement à se plaindre des excès de cette intolérable
tyrannie. Environ onze ans avant le temps dont nous
parlons, un parti de Lacédémoniens, passant en
pleine paix auprès de cette ville, s'introduisit par surprise dans ses murs et s'empara de la citadelle. Sparte
ne punit point un pareil attentat, qui excita une indignation générale dans la Grèce; elle s'en rendit
même la complice, en proclamant qu'elle garderait
la citadelle de Thèbes; mais elle ne jouit pas longtemps du fruit de cette iniquité. La plupart de ses al-

liés l'abandonnèrent et, quelques années après,
Pélopidas, étant entré de nuit dans Thèbes à la tête
des bannis, appela ses concitoyens à la liberté et
chassa les Spartiates de la citadelle. Cet événement
alluma la guerre entre les deux républiques. Les
Thébains, sous la conduite de Pélopidas, s'accoutu-
mèrent peu à peu à ne point craindre les
Lacédémoniens, dont la valeur et la discipline étaient
si redoutées de la Grèce. Dans une rencontre qu'ils
eurent ensemble, ils obtinrent même sur eux un avantage assez considérable pour les engager à faire la paix.
C'est ce qui avait donné lieu à la diète de Lacédémone
dont la rupture renouvela la guerre entre les deux nations.

Épaminondas fut mis à la tête des forces de sa
patrie. Son armée n'était point nombreuse, mais
animée du meilleur esprit. Les Lacédémoniens,
sous la conduite de leur roi Clénibrote, étaient
entrés les premiers en campagne et avaient envahi
la Béotie. Épaminondas fit aussitôt ses dispositions pour les attaquer; au moment où il allait
se mettre en marche, on vint lui annoncer que
les augures étaient défavorables. — « Le meilleur des présages, répondit-il, est de défendre
sa patrie. » — et il donna l'ordre du départ. Il trouva
les Lacédémoniens auprès de la petite ville de Leuctres. Les deux armées se chargèrent avec une valeur
égale des deux côtés, et qui tint longtemps la victoire indécise : mais le génie d'Épaminondas la fixa

à la fin en faveur des Thébains. Les Lacédémoniens, enfoncés de toutes parts, se retirèrent dans leur camp, pouvant à peine emmener le corps de leur roi Clénibrote qui avait été tué dans le combat.

Le gain de cette bataille fonda la réputation d'Épaminondas et donna à la ville de Thèbes cette gloire des armes, qui, jusqu'alors dans la Grèce, semblait avoir été le partage exclusif des républiques d'Athènes et de Sparte. Aussi la nouvelle du succès fut-elle reçue à Thèbes avec un enthousiasme tel, que le philosophe Antisthènes, témoin de l'ivresse désordonnée à laquelle se livrait le peuple, ne put s'empêcher de s'écrier : — « Je crois voir des écoliers tous fiers d'avoir battu leur maître. »

Épaminondas ne put donner aucune suite à la bataille de Leuctres, la loi voulant à Thèbes que le commandement des armées ne pût être conservé au delà d'une année. Deux ans après cette victoire, il fut remis en possession de cette charge. Pélopidas lui avait été donné pour collègue. Les mêmes goûts, les mêmes sentiments, une haine égale contre Sparte, avaient formé entre ces deux grands hommes une union indissoluble. Ils furent nommés l'un et l'autre Béotasques ou chefs de la ligue béotienne. Épaminondas entreprit alors de donner à la guerre qui se faisait contre les Lacédémoniens une autre activité que celle qu'elle avait eue jusqu'à ce jour. Le succès obtenu par les Thébains dans les années précédentes, en partageant entre eux et leurs ennemis les républiques de la Grèce, avait rangé de leur côté un grand nombre d'alliés. Éveillant leur animosité contre Sparte, Épaminondas les appela sous ses drapeaux. Il eut ainsi en peu de temps une armée de soixante dix mille hommes. Suivi par des forces aussi nombreuses, il entra dans le Péloponèse; l'ennemi n'osant se montrer nulle part, il porta le ravage chez tous les peuples attachés à Lacédémone, hâta la défection de ceux que la crainte retenait encore dans son alliance, rétablit les murs de Messène et bâtit dans l'Arcadie la ville de Mégalopolis, pour en faire une digue contre la puissance de Sparte.

Il marcha ensuite sur cette ville dans l'intention de briser ses murailles. C'était un spectacle aussi nouveau qu'extraordinaire que celui que ce grand homme donnait à la Grèce. Il détruisait le prestige de gloire dont l'orgueilleuse ennemie de Thèbes avait voulu entourer ses remparts et faisait mentir le proverbe lacédémonien qui disait que jamais les femmes de Sparte n'avaient vu du haut des murailles la fumée d'un camp ennemi. Le péril où il avait réduit cette ville était tel, qu'elle se trouvait à peine rassurée par la présence d'Agésilas, de ce roi vainqueur de l'Asie et la terreur de la Grèce avant qu'Épaminondas eût brisé les fers des nations. Ce prince, ne voulant point commettre ses forces avec une armée bien supérieure en nombre, avait disposé la sienne sur des éminences autour de la ville. Il se bornait de là à observer les manœuvres des Thébains, il voyait les manœuvres savantes d'Épaminondas dont les troupes s'avançaient en colonnes profondes pour passer l'Eurotas ; se rappelant à cette vue tous les événements de cette étonnante révolution que le génie de ce capitaine avait opérée dans la Grèce, songeant à ce qu'était avant lui la ville de Thèbes et à quel point de gloire et de splendeur il l'avait élevée, il laissa échapper ces paroles que lui arrachait le sentiment d'une profonde admiration : « Quel homme ! quel prodige ! »

Cependant Épaminondas ne pouvait approcher des murs de Sparte, tant qu'Agésilas conserverait la position où il avait établi son armée. Il mit tout en œuvre pour l'obliger à descendre dans la plaine : le ravage et l'incendie des campagnes, les insultes et les défis les plus outrageants. Mais non moins habile que son adversaire, Agésilas considérait tout avec un œil impassible et ne quittait pas sa position ; l'hiver arriva sur ces entrefaites. Pressés de retourner dans leur pays, les alliés des Thébains quittaient l'un après l'autre l'armée thébaine ; d'un autre côté, les Athéniens et d'autres peuples de la Grèce faisaient des levées pour venir au secours de Lacédémone. Ces motifs déterminèrent Épaminondas à abandonner le siége de Sparte. En se retirant il acheva de ravager le Péloponèse, après quoi, évitant l'armée des Athéniens, il ramena la sienne dans la Béotie.

Cette glorieuse campagne du général thébain devait lui attirer la reconnaissance et l'admiration de ses concitoyens ; mais partout où apparaît le génie, l'envie veut se montrer à côté pour distiller ses poisons. Les grandes actions d'Épaminondas lui avaient suscité de nombreux et puissants ennemis. Il ressentit l'effet de la haine au retour de son expédition du Péloponèse, où, au lieu des récompenses qu'il méritait, il fut traduit en justice pour avoir gardé le commandement quatre mois au delà du terme fixé par la loi. Épaminondas se défendit devant ses juges avec le même calme et le même courage qu'il déployait dans les combats : — « La loi me condamne dit-il ; je mérite la mort. Je demande seulement qu'on grave cette inscription sur mon tombeau : Les Thébains ont fait mourir Épaminondas parce qu'à Leuctres il les força d'attaquer et de vaincre ces Lacédémoniens qu'ils n'osaient pas auparavant regarder en face ; parce que sa victoire sauva sa patrie et rendit la liberté à la Grèce, parce que, sous sa conduite, les Thébains assiégèrent Lacédémone, qui s'estima trop heureuse d'échapper à sa ruine, parce qu'il rétablit Messène et l'entoura de fortes murailles. » — Les assistants applaudirent au discours d'Épaminondas et ses juges n'osèrent pas le condamner.

Les ennemis d'Épaminondas n'ayant pu prévaloir en cette occasion, cherchèrent du moins à l'humilier. Dans la distribution des emplois civils, le vainqueur de Leuctres fut chargé de veiller à la propreté des rues et à l'entretien des égouts de la ville. Il releva cette commission, et il montra, comme il le disait lui-même, qu'il ne faut pas juger les hommes par les places, mais des places par les hommes qui les occupent.

La guerre continua avec Lacédémone pendant les six mois suivants, mais sans amener un événement remarquable. Enfin Épaminondas résolut de porter les derniers coups à cette ville, entra dans le Péloponèse à la tête d'une puissante armée, et ayant trouvé l'occasion de tromper la vigilance d'Agésilas, il marcha subitement vers Sparte que cette fois il se croyait certain d'enlever. Mais, averti par un transfuge, Agésilas y était rentré dans la nuit. Ce contretemps n'arrêta point Épaminondas. Brûlant de se mesurer l'un avec l'autre, un combat des plus terribles s'engagea entre ces deux illustres guerriers. Après des efforts inouïs des deux côtés, Épaminondas quoique déjà maître d'une partie de la ville, fut obligé de céder au courage d'Agésilas et de se retirer. Voulant réparer cet échec, il fut attaquer l'armée lacédémonienne qui était campée à Mantinée, ville de l'Arcadie. Il remporta sur elle une victoire éclatante, mais il trouva la mort dans son triomphe.

Il respirait encore ; ses amis, ses officiers fondaient en larmes, le camp retentissait des cris de douleur et de désespoir. Les médecins avaient déclaré qu'il expirerait dès qu'on ôterait le fer de la plaie. Il craignit que son bouclier ne fût tombé entre les mains de l'ennemi, on le lui montra et il le baisa comme l'instrument de ses travaux et de sa gloire. Il parut inquiet sur le sort de la bataille ; on lui dit que les Thébains l'avaient gagnée : — «Voilà qui est bien, répondit-il : j'ai assez vécu.» — Il demanda ensuite Daïphantus et Jollidar, deux généraux qu'il jugeait dignes de le remplacer ; on lui dit qu'ils étaient morts : — «Persuadez donc aux Thébains, reprit-il, de faire la paix.» — Alors il ordonna d'arracher le fer ; et l'un de ses amis s'étant écrié dans l'égarement de sa douleur : — « Vous mourez, Épaminondas ; si du moins vous laissiez des enfants !» — « Je laisse, répondit-il en expirant, deux filles immortelles ! la victoire de Leuctres et celle de Mantinée. »

Ainsi mourut le plus grand homme que la Grèce eut peut-être jamais porté dans son sein. Sa patrie, dont il avait fait la destinée, fut frappée du même coup qui l'avait fait tomber. Elle s'était élevée avec lui à la tête des puissances de la Grèce, et elle vit s'ensevelir sa fortune dans le même tombeau qui renfermait sa cendre.

# DESAIX.

—

Desaix naquit à Riom, département du Puy-de-Dôme, dans le mois d'août 1768. Appelé par la volonté de ses parents, autant que par ses inclinations particulières, à suivre la carrière des armes, il fit ses études militaires à l'école d'Effiat. Les progrès de son éducation y furent rapides; il se complaisait surtout dans l'étude de l'histoire et principalement dans celle des beaux temps de la Grèce et de Rome; il trouvait dans les actions des grands hommes, qui ont illustré ces républiques, de nobles exemples à imiter et dont il brûlait d'offrir à son tour le modèle. Au sortir de l'école d'Effiat, il entra comme sous-lieutenant dans le régiment de Bretagne, infanterie, grade qu'il occupait encore au moment où éclata la guerre de la révolution française.

Desaix suivit son régiment à l'armée qui se formait sur le Rhin. et qui reçut la dénomination d'armée de Rhin-et-Moselle. Nommé bientôt capitaine,

les généraux Victor Broglie et Custine, qui les premiers commandèrent cette armée, se l'attachèrent en
qualité d'aide-de-camp; dans ce grade inférieur on
le vit déjà faire preuve des plus grandes connaissances militaires. Ce fut lui qui contribua le plus
puissamment à la prise des lignes de Wissembourg, en
traçant de sa main les plans d'attaque de ces for-
midables retranchements. Cette action lui valut le
grade de général de brigade. Il ne tarda point à justifier son avancement, en relevant le moral des troupes que des défaites essuyées sur le Rhin avaient abattu.
Dans une de ces fréquentes occasions où il payait
de sa personne pour montrer leur devoir aux soldats,
il fut blessé grièvement à la joue, mais il ne voulut
quitter le champ de bataille qu'après avoir rallié les
bataillons qui étaient en désordre.

Malgré ces services rendus à son pays, la Convention nationale ordonna trois fois sa destitution; c'était
la récompense ordinaire que cette assemblée dé-
cernait à tous ceux qui servaient glorieusement la
France. Le représentant du peuple, qui apporta le
troisième ordre de destitution, eut le bon esprit de
céder au vœu des troupes qui demandaient à grands
cris qu'on leur laissât le général qui les menait toujours à la victoire. Desaix venait alors de débloquer
Landau.

Il avait d'autres dégoûts à essuyer de la part de
ces hommes qui, à cette époque malheureuse, étaient
à la tête des affaires de la France. La Convention ne

pouvant l'atteindre dans cet asile inviolable que lui créait l'attachement de ses soldats, fit emprisonner sa mère. Desaix s'éleva vivement contre cette injustice ; mais animé de l'amour le plus ardent pour sa patrie, il n'en continua pas moins à combattre pour elle et il eut la plus belle part aux victoires qui honorèrent l'armée de Rhin-et-Moselle dans les campagnes de l'an II et de l'an III.

Jusque-là Desaix avait toujours été général de brigade, mais Moreau étant venu pour prendre le commandement des troupes, il le fit nommer général de division et il plaça sous ses ordres l'aile gauche de son armée.

Dans cette qualité, il fit la campagne de l'an IV où l'armée de Rhin-et-Moselle, après avoir envahi une grande partie de l'Allemagne et être arrivée sur les bords du Danube, fut forcée par la défaite de Jourdan à cette belle retraite qui a fait dans les temps l'admiration de tous les hommes de guerre, et qui passera avec autant de gloire à la postérité que les triomphes les plus éclatants.

Desaix, qui de tous les généraux s'était le plus distingué dans cette retraite, fut chargé, lorsque l'armée fut arrivée sur le territoire de la France, de la défense du fort de Kehl. Il s'agissait de contenir devant ce fort les troupes victorieuses de l'archiduc Charles et de leur donner assez d'occupation pour empêcher qu'une partie d'entre elles, en allant renforcer l'armée du général Alvinzi en Italie, n'arrêtât les

progrès que Bonaparte faisait dans ce pays. Desaix
remplit glorieusement la mission qui lui était confiée ;
pendant trois mois entiers il opposa aux attaques
des Autrichiens la résistance la plus terrible et la
plus opiniâtre. Sa garnison diminuait chaque jour,
mais le courage qui animait le chef, en se commu-
niquant au dernier de ses soldats, redoublait leur
force en proportion des périls qu'ils avaient à surmonter. Réduit à un petit nombre d'hommes, il ne
parlait point encore de se rendre, et il n'abandonna
enfin le poste qu'on avait commis à sa garde qu'après
que, criblé de bombes et de boulets, il ne présentât
plus qu'un monceau de débris et de ruines, dont les
ennemis ne pouvaient tirer aucun parti.

La défense du fort de Kell eut un si beau retentis-
sement en France, que le Directoire exécutif, pouvoir qui avait succédé à la Convention nationale, crut
qu'on pouvait confier à Desaix les commandements
les plus importants. Dans une absence que Moreau
venait de faire, il plaça sous ses ordres l'armée de
Rhin-et-Moselle, qui était destinée, de concert avec
celle d'Italie, à porter les coups les plus mortels à
l'Autriche, mais Desaix n'eut point le temps de signaler son courage dans cette campagne ; à peine
avait-il effectué le passage du Rhin, que le traité de
Campo-Formio, résultat brillant des opérations de
Bonaparte en Italie, vint arrêter le cours de ses succès, en donnant la paix au continent de l'Europe.
Desaix, quoique avide de gloire, aimait par-dessus tout

sa patrie, il vit sans regrets cette paix qui lui était
si nécessaire après une guerre de six ans, mais pour
lui il ne s'abandonna point au repos, et comme pour
donner à son âme un nouvel objet d'émulation, il
partit pour aller visiter les lieux que la victoire de
Bonaparte avait rendus célèbres en Italie. Cette visite si
honorable pour les deux généraux, Bonaparte en
éternisa la mémoire par la proclamation suivante qu'il
fit mettre à l'ordre de son armée :

« Le général en chef avertit l'armée d'Italie que le
« général Desaix est arrivé au milieu d'elle, et qu'il
« va reconnaître les positions où les Français se sont
« immortalisés. »

Cependant le moment était venu où le nom de
Desaix devait se couvrir de cette haute illustration
qui lui a fait prendre son rang dans le nombre des
premiers généraux de l'époque. Bonaparte travaillait
alors aux préparatifs de son expédition d'Égypte. Voulant emmener avec lui tout ce que la France possédait
de plus illustres guerriers, il ne pouvait oublier le
héros de l'armée de Rhin-et-Moselle; il lui écrivit
pour lui offrir le commandement d'une division de
son armée. Desaix accepta avec empressement une
proposition qui honorait ses talents, autant qu'elle
flattait la noble ardeur qu'il nourrissait pour la gloire.
Il s'embarqua à Civita-Vecchia avec les troupes qui
devaient lui obéir et fut rejoindre la flotte française,
qu'il précéda dans les eaux de Malte. Au débarquement en Égypte, Bonaparte lui donna le commande-

ment de l'avant-garde. Il commença donc le premier cette marche si terrible à travers le désert, où l'armée française, s'avançant au milieu des contrées arides qui déroulaient sans cesse devant elle de nouvelles et de plus immenses solitudes, eut à lutter pendant quinze jours contre l'ardeur d'un soleil dévorant et contre la privation des premiers objets nécessaires aux besoins de la vie. Arrivé à Ramanieh sur le Nil, Desaix rencontra un corps de huit cents Mamelucks, qui venaient reconnaître l'armée ; il le dispersa en peu de moment par le feu de son artillerie ; ayant été ensuite rejoint par le reste des troupes françaises, il continua sa marche de concert avec elles, et prit une part brillante aux batailles de Cheibresse et des Pyramides. A cette dernière affaire, il commandait un carré placé à l'extrême droite de l'armée, ce carré qui eut à résister aux charges les plus furieuses des Mamelucks, qui employèrent leurs efforts les plus désespérés pour le forcer. Le courage intrépide, mais surtout l'immobilité de cette brave infanterie qui repoussait leur a'taque, leur parut si extraordinaire, qu'ils ont raconté depuis qu'ils avaient cru que ces soldats étaient attachés l'un à l'autre.

Le gain des batailles de Cheibresse et des Pyramides avait donné aux Français la possession du Caire et de la basse Égypte, mais leurs travaux dans cette grande expédition qu'ils avaient entreprise étaient à peine commencés ; toute la haute Égypte, pays de

cent cinquante lieues d'étendue, et où s'était retiré
Mourad-Bey avec les débris de son armée, n'avait
pas encore subi notre domination. Desaix reçut l'ordre de marcher à la conquête de cette province. Il
allait entreprendre une guerre bien pénible contre
des ennemis à cheval, qui, toujours maîtres de l'espace, ne s'arrêtaient que lorsqu'il était de leur inté-
rêt d'accepter le combat qui leur était offert ; il allait
renouveler contre eux ce même genre de guerre que
dans les temps de l'antiquité, les légions romaines, sous
la conduite d'Antoine, avaient été obligées de faire contre les Parthes. Mais ces obstacles n'étaient point faits
pour intimider l'âme de Desaix. Il considérait moins
dans son entreprise les difficultés qu'il avait à vaincre
que la gloire qui devait en être le terme. L'inonda-
tion du Nil alors dans toute sa force, l'empêchant de
pénétrer par terre dans l'intérieur du pays, il réunit à
Gisey, où il avait établi son camp, un grand nombre
de barques, sur lesquelles il fait monter son armée ;
il partit ensuite à la recherche des Mamelucks ; au
bout de quinze jours de navigation, il arrive à Siouth,
ville capitale de la haute Égypte, située à environ 80
lieues du Caire ; il apprend que les Mamelucks
sont campés à Benadi, à vingt cinq lieues de là.
Il forme aussitôt le projet de les surpendre dans cette
position, et afin de dérober son mouvement aux ennemis, il fait débarquer son armée dans le silence et
l'obscurité de la nuit ; mais, parvenu à Benadi, il est
informé que les Mamelucks, qui avaient connu sa

marche par les espions, s'étaient précipitamment éloignés de ce village, et que rétrogradant sur leurs pas,
ils avaient pris la route du Faïdum. Desaix retourne
à l'instant à sa flottille, il rembarque son armée et
fait mettre à la voile pour se rendre dans cette province. Il y pénètre par le canal de Joseph, dont il suit
pendant douze jours les nombreuses sinuosités, sans
avoir connaissance des ennemis. Arrivé enfin au village de Mansourah, il apprend que Mourad-Bey, ayant
réuni sous ses ordres quatre mille Mamelucks et huit
mille Arabes du désert, s'avance à sa rencontre dans
le dessein de livrer bataille. A cette nouvelle, Desaix
fait débarquer son armée, et se porte vers le village
de Sediman, où tous les bruits du pays annonçaient
qu'étaient les ennemis. Il les rencontre en effet le
lendemain à la pointe du jour; son armée formée en
bataillon carré, et composée à peine de seize cents
hommes, était comme un point au milieu du désert.
Les Mamelucks occupaient un espace de plusieurs
lieues, étalant aux regards des Français toute la pompe
de leurs costumes orientaux, réunie à la richesse de
leurs armes, que les rayons du soleil naissant faisaient briller de mille feux. Tout à coup cette nuée
d'ennemis s'ébranle, en faisant rouler d'énormes
tourbillons de poussière et vient fondre sur le carré.
Jamais les Français n'avaient eu à soutenir les attaques d'aussi terribles adversaires. Dans l'aveugle fureur qui les anime contre nous, les uns se glissent entre les jambes des soldats et les leur coupent avec leurs

poignards; les autres tournent leurs chevaux à reculons et cherchent à force de ruades à les introduire dans le carré; plusieurs qui ne peuvent autrement nous atteindre, jettent à la tête des Français leurs sabres, leurs pistolets, leurs tromblons, toutes les armes dont ils ont coutume de se couvrir; mais ces efforts s'épuisent inutilement contre la valeur et le calme de l'armée française. Les ennemis se retirent alors et font jouer six pièces de canon qu'ils tetaient en réserve, comme un dernier espoir de salut. Immobiles depuis le commencement du combat, les Français s'ébranlent à leur tour et enlèvent les pièces à la baïonnette; à cette vue la confiance qui avait soutenu les Mamelucks vient faire place à l'épouvante et à la terreur. Tous à la fois, pour éviter la mort qu'ils croient marcher sur leurs traces, ils s'éloignent précipitamment du champ de bataille, et dans un instant cette masse si supérieure de force, arrivée aux bornes de l'horizon, disparaît et s'évanouit dans l'espace.

Après la victoire de Sediman, Desaix fut prendre possession de la ville de Faïum. Il resta un mois dans cette ville occupé à lever les contributions de la province, qui lui étaient nécessaires pour habiller son armée et fournir à ses autres besoins.

Il alla ensuite à Benesouef, ville située sur le Nil, à vingt cinq lieues du Caire, son intention était d'y préparer une autre expédition contre les Mamelucks. Il voulait la faire par terre et la rendre plus décisive que la première ; mais il avait à attendre que l'écoulement des eaux du Nil pût lui permettre de pénétrer à volonté dans toutes les parties du pays. Il lui fallait aussi du renfort, principalement en cavalerie, sans laquelle il ne pouvait atteindre des ennemis qui ne comptaient parmi eux d'autres fantassins que les nombreux valets dont ils se faisaient suivre, selon la coutume des Orientaux. Il reçut plusieurs bataillons d'infanterie, et douze cents cavaliers, troupes qui, réunies à celles qui marchaient auparavant sous ses ordres, lui formèrent une armée de cinq mille hommes.

Plein de confiance dans le succès de son entreprise, il partit de Benesouef pour aller combattre les Mamelucks. Sa marche qu'il effectuait le long des rivages du Nil, avait lieu avec une excessive rapidité. Les ennemis fuyaient devant lui en se dirigeant vers les cataractes. Il traversa à leur suite les villes de Mellauci, de Mineth, de Siouth et de Girgeh. Arrivé dans cette dernière ville, où il se trouvait déjà à cent lieues du Caire, il crut prudent, ne connaissant pas les ressources du pays qu'il avait encore à parcourir, d'attendre une flottille chargée de munitions de bouche qui était partie de Benesouef en même temps que l'armée. Il resta 23 jours à Girgeh, sans voir paraître cette flottille. Inquiet sur les motifs de ce retard, il avait à songer en outre à la position critique où l'inaction forcée où il se trouvait réduit était venue lui-même le placer.

Mourad Bey, qu'il était chargé de combattre, n'était point un ennemi ordinaire; ses talents, qui l'avaient élevé à la première dignité militaire de l'Égypte, en faisaient un émule digne de lutter avec Desaix. Ce Bey profita de ce long repos que lui donnait son adversaire pour lui susciter partout de nombreux ennemis. Il sut, en s'adressant au fanatisme religieux, toujours prêt à s'allumer chez les musulmans, soulever contre les Français tous les habitants de la haute Égypte et jusqu'aux peuples mêmes de l'Arabie. Il réunit ainsi autour de lui une armée de soixante mille hommes, avec laquelle il se croyait sûr d'écraser les Français. Desaix qui venait enfin de voir arriver sa flottille, que les vents contraires avaient retenue en arrière, s'avança pour combattre cette armée. Il la rencontra dans les plaines de Samahout, le lendemain de son départ de Girgeh. L'armée française, formée en trois carrés, reçut sans s'émouvoir, et avec son intrépidité ordinaire, les charges furieuses de ces flots d'ennemis qui l'environnaient. Longtemps ils renouvelèrent leurs attaques sans pouvoir entamer aucun de ses rangs, et ils furent enfin dissipés par le feu d'une artillerie formidable qui vomissait la mort de toutes parts. Desaix, voulant achever la victoire, se mit avec rapidité à la poursuite des Mamelucks. Dans l'ardeur qui l'animait pour les atteindre, à peine donnait-il pendant la nuit quelque repos à ses soldats. Tant de marches et de veilles avaient fini par abattre les corps les plus robustes, mais l'armée était arrivée alors dans un pays où chaque objet qu'elle rencontrait, semblait diminuer ses fatigues, pour ne lui laisser d'autre sentiment que celui de l'admiration.

Elle touchait en effet un sol où l'imagination était sans cesse électrisée par la vue des plus grandes merveilles qu'ait enfantées le génie des hommes. Elle était dans la Thébaïde ; chaque marche qu'elle faisait dans cette contrée lui découvrait quelque nouvel objet d'étonnement et de surprise ; les monuments se succédaient en foule sur ses pas. Elle passa ensuite sur les ruines de Tentera. Deux jours après, elle arriva sur l'emplacement de l'ancienne Thèbes, de cette ville que le pinceau d'Homère nous montre sous des formes si gigantesques. Les monuments se présentaient ici avec plus de profusion que dans tout autre endroit. Partout l'on apercevait des temples en ruines, des fûts de colonnes encore debout, des restes d'obélisques et des tronçons de statues. De tous les côtés la terre était jonchée des débris immenses de cette ville. Quel prodigieux changement une longue succession de siècles est venue apporter dans l'existence de ces lieux, dont le souvenir s'est perpétué avec tant d'éclat dans la mémoire des hommes ! C'est ainsi qu'à la suite des temps tout change de forme dans la nature. Cette ville si grande et si magnifique, l'ornement et la gloire de la première Égypte, ne vit plus maintenant que dans l'imagination du voyageur qui parcourt ces plaines incultes et inhabitées. Ce sol qui portait la nation du monde la plus célèbre, ne montre plus que quelques hommes sauvages, d'une figure aussi difforme que leur esprit est grossier. Les uns semblent vouloir cacher leur honte et leur ignorance dans des retraites souterraines, jadis l'asile de la mort, et qu'ils ont détournées de leur ancien usage pour y établir leur demeure. Les autres construisent leurs villages dans l'enceinte même de ces monuments, qui survivent après tant d'années à la destruction de Thèbes, et font voir ainsi réunis dans un même lieu tout ce que la perfection des arts peut élever de plus sublime et tout ce que leur dégradation peut produire de plus hideux.

Amant passionné des arts autant que de la gloire, Desaix, en traversant avec son armée ces débris si vantés de l'ancienne Égypte, jouissait d'une circonstance qui donnait à son expédition un éclat tout à fait romanesque et en agrandissait la célébrité. Mais il ne perdait pas de vue pour cela les soins qu'il devait à la guerre qu'il était venu entreprendre dans ce pays. Marchant toujours à la suite des Mamelucks, il arriva à Esneh, dernière ville un peu considérable de la haute Égypte, deux jours après leur départ. Il continua à les poursuivre jusqu'à Syène, où, les ayant jetés dans les déserts de la Nubie, de l'autre côté des Cataractes, il laissa le général Belliard avec un corps de troupes pour les contenir dans cette position et les empêcher de rentrer en Égypte.

Pour lui, retournant sur ses pas, il prit la route de Syouth, où il avait dessein de travailler à l'organisation sociale du pays qu'il venait de soumettre à ses armes. Pendant plusieurs mois il fut distrait de ces soins par l'arrivée de nouvelles troupes débarquées de l'Arabie, pour se réunir aux Mamelucks, et par une irruption de ces derniers, qui avaient reparu en Égypte, après avoir trompé la vigilance du général Belliard; mais les mesures prises par Desaix eurent bientôt mis fin à cette nouvelle guerre. Il put alors se livrer en entier au projet qui l'avait conduit à Syouth.

Il avait beaucoup à faire pour faire aimer aux Égyptiens la domination de la France: leurs mœurs, leurs coutumes, leur religion différentes des nôtres, cet amour-propre national que la conquête avait blessé, tout repoussait en eux cette domination. Desaix entreprit néanmoins cette grande tâche; il allait donner au monde un spectacle aussi beau qu'extraordinaire, celui d'un guerrier français apportant le bonheur et des lois à un peuple musulman.

Le premier acte de son gouvernement fut dicté par la bienfaisance. Son âme n'avait pu voir, sans être déchirée, tous les maux qui étaient venus fondre sur la haute Égypte depuis notre entrée dans ce pays. Dans le cours de plus d'une année, les Français, les Mamelucks et les Arabes, avaient porté la dévastation et la mort dans toutes les campagnes. Desaix,

pour réparer ce mal autant qu'il était en son pouvoir,
ordonna que toutes les terres qui avaient été dévas-
tées par les Français ou par leurs ennemis, ne seraient tenues de payer aucune imposition, jusqu'à
ce qu'on les eût rendues à leur ancienne fertilité. Tout
le reste de sa conduite administrative répondit à ce
commencement. Comme il n'est rien que les hommes affectionnent comme les préjugés au milieu desquels ils ont été élevés, Desaix se fit un devoir de
respecter tous ceux des Égyptiens et de ne jamais
toucher à aucun de leurs usages. Il voulait laisser au
temps le soin de policer leurs mœurs et d'adoucir
l'âpreté et la rudesse de leurs manières. Un des principaux motifs qui éloignaient des Français les habitants de la haute Égypte, c'était la crainte que
professant une religion autre que la leur, ils ne vou-
lussent les asservir à leur culte, après les avoir soumis à leur domination. Leur attachement à la religion mahométane, et le fanatisme si naturel au caractère de ces peuples, ne pouvaient leur présenter
cette idée sans les remplir d'indignation contre les
Français. Mais Desaix pour les délivrer entièrement
de cette crainte, et afin de leur faire mieux sentir
combien il était éloigné de vouloir toucher à aucun
de leurs préceptes religieux, s'appliqua de tout son
pouvoir à protéger les cérémonies de leur culte. Il
en trouva une occasion solennelle quelques mois
après son arrivée à Syouth, où les habitants de cette
ville célébrèrent les fêtes de leur prophète Mahomet.

Saisissant cette circonstance, Desaix voulut que la musique française, en se mêlant à la pieuse allégresse des habitants, augmentât la noblesse et l'éclat de cette cérémonie.

Avant la conquête de la haute Égypte, les habitants de ce pays étaient journellement exposés aux incursions des Arabes du désert qui, non contents de dévaster leurs campagnes et d'enlever leurs bestiaux, venaient encore jusque dans leur village les mettre à contribution. Ils furent délivrés de toutes ces vexations par les soins de Desaix. Plusieurs de ces tribus arabes, attirées par la haute réputation de ce général, vinrent à Syouth lui demander la paix ; celles qui refusèrent d'imiter cet exemple, furent contenues dans le fond des déserts par la crainte de ses armes. La répartition des impôts, sous le despotisme des Mamelucks, avait toujours été faite d'une manière également injuste et criante ; entre les mains de Desaix, elle cessa de devenir un objet de sédition et de haine. Il porta le coup d'œil le plus sévère sur l'administration de la justice. Il ne souffrit jamais que les vainqueurs fussent traités plus favorablement que les vaincus ; et, prévoyant le cas où quelque discussion viendrait à s'élever entre un Égyptien et un Français, il donna l'ordre qu'on rendît justice à l'offensé sans autre partialité de nation. Enfin, pour asseoir sur des bases inébranlables tous les changements qu'il faisait, il voulait que toutes les personnes qui occupaient des places sous ses ordres por-

lassent dans leurs opérations la même intégrité que
lui. C'est ainsi que sous les débris d'un gouvernement tyrannique, il en élevait un autre qui promet-
tait de réparer dans peu de temps tous les maux du
premier et de rendre la haute Égypte à son ancienne
prospérité. Tant de bienfaits répandus sur ce pays
méritaient à Desaix une bien grande récompense,
et il la reçut de la bouche même des habitants de ces
contrées, qui, dans leurs transports de reconnaissance,
lui donnèrent le surnom de juste. Un titre si beau
et si honorable égale bien sans doute ces inscriptions
fastueuses qui servent à éterniser la mémoire des
conquérants les plus renommés.

La modestie de Desaix ne contribua pas moins
que son amour pour la justice à lui concilier l'affection et l'estime des habitants de la haute Égypte. On
ne le vit jamais affecter dans ce pays ce ton de mor-
gue et ce vain étalage de pompe et de représentation
que les âmes ordinaires croient être un des principaux attributs de leur grandeur. Aussi simple dans
ses manières qu'égal dans sa conduite et dans son caractère, il n'étonnait jamais que par la vigueur de ses
opérations militaires et la sagesse de son administration. Il se piquait si peu de se faire remarquer par
le faste de ses habillements, que dans ses marches
contre les Mamelucks on l'eût pris plus volontiers
pour un particulier isolé au milieu de l'armée que
pour le général de ces braves soldats qu'il conduisait
toujours à la victoire. Il était si difficile à reconnaître

au milieu du corps de troupes qu'il commandait, que lorsque des députations des villes ou des villages se rendaient sur son passage pour le complimenter sur ses succès, les Scheiks qui commandaient ces députations, s'adressaient toujours à d'autres qu'à lui; et si quelqu'un, en les reprenant de leur méprise, venait à le leur montrer, ils ne revenaient qu'avec étonnement de leur erreur, ne pouvant s'imaginer que cet homme, qu'ils voyaient vêtu d'une simple redingote bleue, fût le même qui remplissait la haute Égypte de son nom.

Parmi tous les traits d'attachement que les vertus de Desaix lui ont attirés de la part des habitants de la haute Égypte, il en est un qui fait beaucoup trop d'honneur à sa mémoire pour le passer sous silence. Au nombre des Égyptiens que l'affabilité de son caractère avait fixés auprès de sa personne, Mallen Jacob était celui qui avait été le plus attaché à ses pas. Après la bataille des Pyramides, Mallen Jacob avait abandonné la fortune de Mourad-Bey pour s'attacher à la nôtre. Il suivit le général Desaix dans toutes ses campagnes de la haute Égypte, et partagea tous ses périls, ainsi que la gloire de ses succès. Lors de la victoire de Marengo, après que le bruit de la mort de Desaix fut venu changer en tristesse la joie qu'avait fait éprouver à l'armée le gain d'une bataille qui rendait l'Italie à la France, Mallen Jacob écrivit au général Menou, que si le gouvernement français voulait élever un monument à la gloire de Desaix, soit en

Égypte, soit en France, il s'obligeait à payer le tiers
de la valeur de ce monument, quelque somme qu'il
pût coûter. C'est peut-être la première fois que l'histoire nous apprendra qu'il s'est trouvé, parmi un peuple vaincu, un citoyen qui ait voulu sacrifier sa
fortune pour élever un trophée à la gloire du conquérant de sa nation.

Desaix avait alors accompli tout à fait la mission
qui lui était confiée dans la haute Égypte. Il en avait
doublement fait la conquête, et par la force des armes
et par la douceur de son gouvernement. Bonaparte
venait à cette époque de partir pour la France, où
l'avait appelé le désir de mettre un terme aux dissensions domestiques qui déchiraient notre malheureuse patrie depuis son départ pour l'Égypte. En
quittant l'armée il en avait laissé le commandement
à Kléber. Ce général, voulant se donner un aide qui
pût porter avec lui le fardeau des affaires, appela
Desaix dans la ville du Caire et lui confia quelques
temps après le succès d'une négociation qu'il avait
ouverte à El Arich, avec le grand visir, pour l'évacuation de l'Égypte. Desaix fit stipuler cette évacuation dans les termes les plus honorables pour l'armée
et s'embarqua ensuite à Alexandrie afin de porter à
Paris le traité conclu avec les Ottomans. Il était
monté sur un vaisseau neutre, que les vents contraires
obligèrent de relâcher à Livourne. Les Anglais avaient
plusieurs vaisseaux mouillés dans le port de cette ville.
L'amiral Keith les commandait. Cet officier, qui

avait déjà dans sa pensée la violation du traité d'El Arich, déclara Desaix son prisonnier et ordonna qu'on dégréât son vaisseau et qu'on lui ôtât son gouvernail, au risque de le faire échouer sur le rivage. Après avoir commis cette lâcheté, il joignit l'insulte à l'infraction du droit des gens et il fit proposer au général français vingt sous par jour pour lui et pour chacun de ses soldats prisonniers, en ajoutant avec une basse ironie, que l'égalité proclamée en France exigeait qu'il ne fût pas mieux traité qu'eux.

Desaix répondit par ces paroles sublimes, qui mettaient à une si longue distance de lui le vil ennemi qui l'outrageait.

— « Je ne vous demande rien que de me délivrer de votre présence; faites, si vous le voulez, donner de la paille aux blessés qui sont avec moi. J'ai traité avec les Mamelucks, les Turcs, les Andalousiens, les Arabes du grand Désert, les Tartares, les Noirs de Darfour, tous respectaient la parole qu'ils avaient donnée, et ils n'insultaient pas aux hommes dans le malheur. »

L'amiral Keith avait assez dégradé son caractère. Il craignit les reproches de l'Europe et le mépris de la postérité, et il laissa Desaix libre de continuer son voyage. Ce général fit aussitôt remettre à la voile pour Marseille. Débarqué dans le lazaret de cette ville, il apprit que Bonaparte qui gouvernait la France, sous le titre de premier Consul, était en marche pour reconquérir l'Italie. Brûlant de partager les périls et la gloire de cette expédition, il lui écrivit pour obtenir un commandement sous ses ordres. Le premier consul lui écrivit de sa main en l'invitant à venir le joindre le plus tôt possible.

Desaix n'attendit plus alors pour partir que le temps où sa quarantaine expirerait. Ce moment qu'il pressait de tous ses vœux étant venu, il quitta sur-le-champ Marseille et prit la route de l'Italie. Il eut en chemin le pressentiment de sa fin prochaine : — « Voilà bien longtemps, dit-il à ses aides de camp, que je ne me bats plus en Europe. Les boulets ne nous connaissent plus, il nous arrivera quelque chose. » — Mais ces pressentiments ne firent que glisser sur son âme, et il hâta sa marche pour le quartier général de l'armée, ne pensant qu'à immortaliser son nom dans cette grande campagne que le génie de Bonaparte avait ouverte d'une manière si glorieuse par le passage du Saint-Bernard.

Desaix arrive à San-Giuliano le 14 juin, vers quatre heures du soir. Il avait marché au canon sans attendre les ordres que venait de lui expédier le premier Consul.

Les Autrichiens étaient entrés en ligne avec 33,000 combattants, une belle cavalerie et une nombreuse artillerie. Déjà trois colonnes s'étaient portées : la colonne de droite sous O'Reilly, au sud de Marengo ; celle du centre, sous Mélas, sur Marengo, et celle de gauche, sous Ott, sur Castel-Ceriolo. Les grenadiers de Mélas abordent vigoureusement Marengo. Ce village, attaqué avec acharnement par les Impériaux, reste néanmoins au pouvoir de nos troupes ; mais les pertes avaient été grandes, les munitions étaient à peu près épuisées, les tirailleurs avaient dû suspendre leur feu et l'ordre avait été donné de battre en retraite.

Les choses en étaient là, lorsque le premier Consul jugea le moment opportun pour décider, par une dernière bataille, du sort de la journée. La division Boudet, sous les ordres de Desaix, occupe l'aile gauche sur la route de San-Giuliano, un peu en avant du village. La 9° légère est disposée en colonne d'attaque. Victor et Lannes se placent au centre, Monier à l'aile droite, Kellermann à la tête de 3 à 400 cavaliers se tient à la droite de Boudet.

Pendant que notre armée fait ses préparatifs d'attaque, les Autrichiens continuent leur mouvement en avant sur quatre colonnes. Le premier Consul les laisse approcher à demi-portée de canon ; puis, démasquant subitement ses pièces et les portant en avant en batterie, il leur fait exécuter un feu vif à mitraille. Ce feu dure dix minutes, arrête sur place les têtes de colonnes autrichiennes et y jette le désordre. C'est dans ce moment que Desaix, à la tête de la 9e légère, s'élance sur les Impériaux. Ce mouvement rapide détermine le succès de la bataille, mais nous devions payer chèrement ce triomphe. Desaix tombe frappé mortellement d'une balle dans la poitrine.

Arrivé à son dernier moment, ce n'est pas la vie qu'il regrette, la gloire seule l'occupe tout

entier. Il craint, en mourant si jeune, de la voir échapper à son nom, et tout plein de sa douloureuse
pensée, il expire en exprimant le regret *de n'avoir
point assez fait pour vivre dans la postérité.*

La France n'a pas accepté les dernières paroles du
vertueux Desaix ; elle a rendu les plus grands honneurs
à sa mémoire et transformé en une journée de deuil
cette grande journée de Marengo, où il perdit la vie.

# FERNAND CORTEZ, — KLÉBER.

Fernand Cortez et Kléber peuvent parfaitement être mis en parallèle: L'un vivait à la grande époque de la découverte de l'Amérique; l'autre à l'époque non moins mémorable de la Révolution française: Le premier s'est rendu célèbre par la conquête du Mexique; le second par celle de l'Égypte, lorsqu'après le départ de Bonaparte, il la reprit sur une armée de quatre-vingt mille Ottomans. — Cortez vit la population de Mexico se soulever contre ses armes, événement remarquable qui, par la résistance acharnée des habitants, est devenu le principal épisode de son expédition. — La révolte du Caire, sous Kléber, offre les mêmes traits que celle de Mexico et forme également un des sujets les plus marquants de l'histoire de ce capitaine. Après des faits d'une telle ressemblance, nous avons cru pouvoir placer sans crainte à côte l'un de l'autre les noms de ces deux grands hommes.

# CORTEZ.

—

Cortez naquit en 1491, à Medellin, ville de l'Estramadure espagnole. Il sortait d'une très-bonne famille, qui le fit élever dans les connaissances de l'état militaire. Lorsqu'il fut en âge de porter les armes, ses parents voulurent l'envoyer à Naples, sous les ordres de Gonzalve de Cordoue, surnommé le grand capitaine ; mais une maladie très-grave, dont il fut atteint au moment de partir, l'empêcha de suivre cette destination. Après sa guérison, il songea à s'ouvrir lui-même sa carrière. On était alors dans les premiers temps de la découverte de l'Amérique, et l'esprit aventureux des Espagnols les portait en foule vers ces régions nouvelles, où ils trouvaient, avec une immense fortune, une ample moisson de gloire. Cortez entreprit de marcher sur les traces de tant de vaillants hommes parmi ses compatriotes qui les premiers avaient ouvert les portes du Nouveau Monde aux Européens. Plein de confiance dans sa destinée et dans les vastes projets qu'il roule dans son imagination, il s'embarque pour l'Amérique et arrive à l'île d'Hispaniola. Il n'avait rien à faire là, ni pour la gloire ni pour la fortune. Tous les habitants en étaient soumis aux Espagnols. Il se rendit alors dans l'île de Cuba, où la guerre était encore ouverte avec les naturels du pays. Il s'y distingua dans plusieurs combats, où il montra toute la bravoure d'un soldat et tous les talents d'un habile officier. Ces exploits qui jetaient les fondements de sa réputation, enflammèrent en lui cette noble ardeur qui l'avait fait venir chercher des dangers dans des lieux si éloignés de sa patrie. L'occasion se présenta enfin de satisfaire son désir d'illustrer son nom. Diégo de Vélasquez, gouverneur de Cuba, avait envoyé des vaisseaux sur les côtes du Mexique, dans le dessein de reconnaître ce pays. Grijalva auquel il en avait donné la conduite, ne remplit pas le but qu'il s'était proposé en faisant cet armement. Il se décida à équiper une autre flotte, et jeta les yeux sur Cortez pour la commander. Ce choix fut à peine connu dans l'île de Cuba que tout ce qui se sentait de l'attrait pour la fortune ou pour la renommée, accourut auprès du nouveau capitaine pour faire partie de son expédition. Cet empressement à se ranger sous les bannières de Cortez éveilla la jalousie de Vélasquez, qui révoqua aussitôt la commission qu'il lui avait donnée. Mais la destinée de Cortez devait l'emporter sur le mauvais vouloir du

gouverneur de Cuba ; s'étant assuré des dispositions
de ses compagnons, il déclina publiquement l'autorité de Vélasquez et mit à la voile pour le Mexique.
Son armement se composait de douze vaisseaux et
de six à sept cents hommes, tant matelots que soldats.
Il aborda d'abord à l'île de Cozamel, où la flotte, qui
avait été séparée par une violente tempête, vint se
réunir. Il toucha ensuite à Tabasco. Les naturels du
pays voulurent s'opposer à son débarquement ; il les
battit dans plusieurs rencontres et les obligea à lui
demander la paix. Pour mieux apaiser son ressentiment, ces Américains vinrent déposer leurs trésors
à ses pieds et lui donnèrent en présent trente esclaves
indiennes. Une femme d'une rare beauté existait dans
le nombre ; elle fut connue dans la suite sous le nom de
Dona Marina et rendit à Cortez, qui en fit son interprète et sa maîtresse, les plus grands services dans le
cours de ses expéditions.

Après avoir répandu la terreur de son nom dans le
continent américain, Cortez fit remonter ses troupes
à bord et fut débarquer à Saint-Jean d'Ulloa, sur les
côtes du Mexique. Deux hommes qui commandaient
dans le pays pour l'empereur Montezuma, vinrent
à lui pour avoir connaissance de ses desseins. Cortez
était aussi habile politique que grand général. Il voulait aplanir, autant que possible, toutes les difficultés
qu'il pourrait rencontrer dans la conquête du pays,
et il s'annonça aux officiers de Montezuma comme
un ambassadeur du roi d'Espagne, qui avait à traiter

avec leur souverain d'affaires d'une haute importance. Ceux-ci le pressèrent de rester dans sa position, jusqu'à ce qu'ils eussent reçu la réponse de leur
maître.

Les officiers mexicains parlèrent avec emphase à
Cortez de la puissance et des trésors de Montezuma :
— « Tant mieux ! répondit le général espagnol, en se
tournant vers ses soldats, voilà ce que nous cher-
chons, de grands périls et de grandes richesses ; » — et
en même temps pour donner aux Américains une
grande idée de la supériorité de sa nation, il fit réunir
ses troupes et leur fit exécuter un simulacre de guerre.
Les détonations de l'artillerie des Espagnols, les
tourbillons de flamme et de fumée qu'elle lançait en
gros nuages qui s'épandaient dans les airs, la vue
des chevaux si étroitement unis avec leurs cavaliers,
tous ces objets, si terribles et inconnus, imprimèrent
la terreur dans l'âme des officiers mexicains et de
leur suite. Le souverain du Mexique, auquel ils rendirent compte de ces faits, voulut éloigner ces étran-
gers, qu'une prophétie que la superstition avait
accréditée dans le pays, lui fit regarder comme des
êtres d'une nature supérieure, qui devaient venir des
bords de l'Orient, sous son règne, pour mettre fin
à son empire, Il fit donc répondre à Cortez qu'il ne
pouvait le recevoir à sa cour. Ce général ne s'était
pas engagé si avant pour reculer devant de si faibles
obstacles. Il répliqua avec fierté aux officiers de
Montezuma et cessa toute conférence avec eux.

Cependant, avant de marcher sur Mexico, Cortez voulut s'assurer toutes les chances qui pouvaient lui promettre le succès de son entreprise. Les circonstances ne pouvaient être plus favorables pour servir ses desseins. Montezuma exerçait dans son empire une domination tyrannique, qui l'avait rendu odieux à une grande partie de ses sujets. Le mécontentement, surtout, était plus général sur les côtes. Les Caciques qui commandaient dans ces contrées, soupiraient après le moment qui pourrait les délivrer de l'oppression cruelle sous le poids de laquelle ils gémissaient. Quand ils apprirent l'agression que Cortez préparait contre l'empire du Mexique, ils vinrent d'eux-mêmes au-devant des propositions qu'il allait leur faire et demandèrent à se mettre sous la protection des Espagnols. Cortez reçut ces ouvertures avec de vifs transports de joie, et autant pour se rapprocher de ses nouveaux alliés que pour quitter le mauvais mouillage qu'il avait choisi sur la côte, il alla s'établir avec sa flotte à quelques lieues au-dessus de Saint-Jean d'Ulloa et dans un endroit qui lui parut propre à former un établissement. Il y jeta les fondements de la Vera-Cruz, qui devint dans la suite une des principales villes du Mexique. Il reprit là ses négociations avec les naturels du pays et les conduisit avec un tel succès, que l'alliance qu'il contracta avec les habitants de la côte s'étendit dans des provinces plus éloignées, d'où plus de trente Caciques vinrent se soumettre à la domination espagnole.

Cortez, jugeant alors qu'il était assez fort pour pénétrer dans le cœur du Mexique, se prépare à faire cette expédition ; mais avant de se mettre en route il voulut ne laisser à ses soldats d'autres ressources que la victoire, et imitant l'exemple donné par un grand capitaine de l'antiquité, il fit couler ses vaisseaux à fond (1). Il fut encore entraîné à ce parti, pour couper court à des germes de mécontentement qui déjà plusieurs fois s'étaient manifestés chez quelques esprits turbulents, qui avaient demandé qu'on ramenât l'expédition à Cuba. Il partit ensuite pour Mexico avec une armée de six cents Espagnols et quelques troupes qu'il avait lui-même choisies parmi les alliés qu'il s'était faits. Ceux-ci le conduisirent vers cette capi-

---

(1) (Agathoclès, roi de Syracuse, dans son expédition d'Afrique.) Cette action fut encore l'événement le moins extraordinaire de l'expédition d'Agathoclès! Ce qui a bien plus droit d'étonner l'imagination, c'est qu'il entreprit cette expédition tandis que lui-même était assiégé dans Syracuse par les Carthaginois, et au moment de perdre cette place, avec le reste de la Sicile. Dans une telle position, il conçut le projet d'une diversion qui pût le sauver, et ce projet fut d'aller attaquer les Carthaginois dans Carthage même. La fortune favorise souvent les desseins les plus audacieux. Agathoclès fait prendre les armes aux esclaves, il confie ensuite la défense de Syracuse à son frère, puis, mettant à la voile avec 60 galères, il trompe la vigilance des assiégeants et débarque en Afrique. Comme il l'avait prévu, cette audacieuse entreprise sauva Syracuse ; Agathoclès aurait même fait tomber la puissance de Carthage, si, trop certain du succès de son expédition il n'en eût confié la suite à des mains trop peu expérimentées pour soutenir un si lourd fardeau.

tale par le chemin de Tlascala, république enclavée
au milieu des États de Montezuma et dont les habitants nourrissaient une haine mortelle contre ce
prince. Cortez se flattait de trouver en eux de nouveaux et plus puissants auxiliaires pour l'aider dans
son entreprise, mais les Tlascalans, excités par l'hu-
meur guerrière de leur général, vinrent au-devant
des Espagnols pour s'opposer à leur marche. Cortez
les mit en déroute. Épouvantés des pertes qu'ils
venaient d'éprouver, les Tlascalans se soumirent à
Cortez qui fit son entrée dans leur capitale. La manière généreuse avec laquelle il traita cette République et les égards qu'il montra pour ses principaux
citoyens, lui gagnèrent le cœur de ses habitants qui
devinrent, dès cette époque, les alliés les plus fidèles
des Espagnols. S'étant procuré parmi eux un renfort
de troupes, Cortez continua sa marche vers Mexico.
Il s'annonçait toujours à Montezuma avec des inten-
tions pacifiques et comme un ambassadeur du roi
d'Espagne qui avait à conférer avec lui.

L'empereur du Mexique, croyant que ces moyens
lui suffiraient pour arrêter la marche de son ennemi,
lui envoya des députés chargés de riches présents.
Mais c'était donner encore plus d'ardeur à des
hommes que la cupidité, autant que la gloire, menait
à cette expédition. Enfin, le malheureux Montezuma
vit les Espagnols, s'avançant le long de la chaussée
qui partage en deux parties le lac au millieu duquel
est située Mexico, arriver sous les murs de cette ville.

Comme il n'avait fait aucuns préparatifs de défense, il voulut du moins se les rendre favorables par une bonne réception. Il fut au-devant de Cortez avec une suite nombreuse, accompagné de tous les grands de son empire, et l'introduisit lui-même au sein de la capitale. Il lui assigna, ainsi qu'à ses troupes, de magnifiques quartiers et les fit nourrir aux dépens de ses trésors. Il n'épargna ni les présents, ni rien de ce qu'il jugea propre à satisfaire leur avidité. Il alla même jusqu'à reconnaître la suzeraineté du roi d'Espagne et à s'engager à lui payer un tribut. Il espérait par cette conduite donner une pleine satisfaction à Cortez et l'obliger à quitter ses États. Mais telle n'était pas l'intention de l'habile conquérant qui s'occupa au contraire à se fortifier dans Mexico.

Montezuma déplora alors sa faiblesse. Ce prince pusillanime, qui ne savait prendre aucune mesure digne de son rang, travailla en sous-main à faire périr les Espagnols en leur tendant des embûches. Une attaque faite en pleine paix contre les troupes laissées à la Véra-Cruz, et dans laquelle sept Espagnols perdirent la vie, fut le prélude de ces hostilités cachées. Lorsqu'il apprit cette nouvelle, Cortez s'adressa à ses principaux officiers : — « Il faut, leur dit-il, étonner ces barbares par une action d'éclat ; il faut subjuguer à jamais leur courage par l'énergie de notre caractère. » Aussitôt, suivi d'une faible escorte, il va au palais de Montezuma ; il reproche avec véhémence à ce prince la mort de ses soldats tués en violation du droit des gens, et lui déclare qu'il veut qu'il le suive à son quartier en punition du crime qu'il a fait commettre à ses sujets. Montezuma, étonné d'une telle démarche, veut d'abord résister ; mais intimidé bientôt par la contenance fière et l'air menaçant des Espagnols, il se remet à leur garde et se constitue prisonnier. Cortez le conduisit à son quartier, où pendant quelques jours il l'y traita avec sévérité. Mais après avoir puni l'auteur de l'attaque de la Vera-Cruz qu'il se fit livrer par Montezuma, il continua d'avoir pour ce prince les mêmes égards dont il usait auparavant, sans lui permettre néanmoins de retourner dans son palais.

Les projets de Cortez, depuis son entrée dans le Mexique, lui avaient tous réussi au delà même de ses espérances. Un événement qui survint à cette époque et qui paraissait d'abord devoir abattre sa fortune, vint encore contribuer à l'accomplissement de ses desseins, en lui procurant de nouvelles forces.

Diégo de Vélasquez, gouverneur de Cuba, ne pouvait oublier que c'était au mépris de son autorité que Cortez s'était mis à la tête de l'expédition qui faisait la guerre dans le Mexique. Poussé par la haine qui l'animait contre lui, il équipa une flotte montée par huit cents soldats, dont il donna le commandement à Narvaëz, qui reçut ordre de prendre la place de Cortez et d'envoyer ce général chargé de chaînes à Cuba. Narvaëz débarqua près de la Vera-Cruz où il voulut pénétrer en cherchant à séduire le gouver-

neur que Cortez y avait laissé ; mais cet officier, fidèle
à son général, fit arrêter les envoyés de Narvaëz et
les fit conduire à Mexico pour être livrés à Cortez.
Ce grand capitaine apprit d'un air calme et tranquille le danger qui le menaçait. Il parvint à le con-
jurer en employant la force des armes et en faisant
jouer les ressorts de sa politique ordinaire. Il traita
avec une haute distinction les officiers de Narvaëz et
les renvoya comblés de présents. Il les fit suivre immédiatement par des députés chargés de porter des
paroles de paix à son compétiteur. Celui-ci était d'un
caractère hautain et présomptueux. Il accueillit fort
mal les propositions de Cortez ; mais la réputation
de ce général, que les officiers avaient déjà répandue
parmi leurs compagnons, lui avait gagné beaucoup
de partisans. Leur nombre fut encore augmenté par
ceux que lui firent ses députés qu'on avait laissés libres
de parcourir le camp des Espagnols venus de Cuba.

Cortez apprit avec joie ces premiers progrès qu'il
avait faits sur ses ennemis. Il songea à finir une œuvre si bien commencée, et laissant seulement à Mexico
quatre-vingts Espagnols sous les ordres de Pedro de
Alvarado, il partit avec le reste pour combattre Narvaëz.
Il pressait sa marche avec la plus grande rapidité, malgré le mauvais état des chemins rendus presque impra-
ticables par les pluies continuelles qui tombaient depuis
plusieurs jours. Narvaëz, quoique averti de sa présence, refusait de croire à la possibilité d'un mouvement entrepris dans des circonstances si difficiles.

Il se gardait mal dans son camp et tout y était dans une extrême confusion. Cortez arriva sur ces entrefaites, et pour accroître encore ses avantages, il attendit la nuit pour attaquer. Le combat fut promptement terminé. La plupart des soldats de Narvaëz étaient déjà vaincus par la renommée de son rival; les autres cédèrent à la peur que leur causait une surprise si inattendue. Narvaëz blessé, fut remis entre les mains de Cortez, et toutes ses troupes, qui l'abandonnèrent, passèrent le lendemain du combat sous les drapeaux de ce conquérant.

Cortez songea alors à retourner à Mexico; il avait avec lui mille Espagnols, de quatre cents qu'il avait amenés en partant de cette capitale; ce renfort allait lui devenir bien nécessaire. Pendant son absence, les affaires avaient changé de face à Mexico, et il allait enfin avoir à lutter contre des dangers qu'il n'avait pas connus depuis son arrivée dans le continent de l'Amérique. En quittant Mexico, Cortez y avait laissé les germes de la plus grande discorde. La noblesse était indignée de la captivité de son prince; le peuple détestait les Espagnols qui voulaient l'obliger à abandonner les superstitions de son pays. Ces passions que la politique de Cortez avait contenues s'allumaient par le zèle peu réfléchi de Pedro Alvarado, qui assaillit les Mexicains dans une fête qu'ils célébraient en l'honneur de leurs dieux. Cette attaque devint le signal d'une insurrection générale contre les Espagnols. Lorsqu'il apprit cette nouvelle, Cortez venait

de diviser ses troupes, dans le but de multiplier ses
succès en les envoyant soumettre à la fois différentes provinces. Il les rappela de suite et marcha
en toute hâte sur Mexico. Les révoltés le laissè-
rent rejoindre tranquillement ses quartiers. Dans
les combats qu'ils avaient livrés à Pedro de
Alvarado, ils s'étaient convaincus que les Espagnols
n'étaient point invincibles et ils voulurent aider eux-
mêmes la réunion de tous leurs ennemis afin de les
battre du même coup.

Cortez put bientôt reconnaître que tel était en effet le motif qui avait facilité sa rentrée dans Mexico;
car à peine fut-il dans ses quartiers, que des flots
innombrables de révoltés vinrent l'assaillir. Les Espagnols repoussèrent vaillamment ces assauts : ils
inondèrent la ville de sang et en détruisirent une
grande partie par la flamme. Mais ces pertes mêmes
qu'ils éprouvaient, ne servaient qu'à redoubler l'ob-
stination des Mexicains. La fureur qui les animait
contre les Espagnols était montée à un tel degré,
qu'elle ne connaissait plus de bornes. Ils envelop-
pèrent dans cette proscription leur malheureux empereur, qui, s'étant montré à une terrasse du quartier
des Espagnols pour engager ses sujets à rentrer dans
le devoir, fut frappé mortellement à la tempe d'un
coup de pierre. La mort de Montezuma eut cependant
dant le pouvoir d'arrêter pendant quelques jours les
attaques des Mexicains; mais revenus de la consternation où les avait plongés ce malheur, ils opposèrent

une résistance désespérée aux attaques de l'ennemi. La vie de Cortez fut souvent en danger dans ces terribles combats dont Mexico était devenue le théâtre. Resté seul une fois à la poursuite des fuyards, il ne dut son salut qu'à l'effort d'un courage surnaturel qui lui fit percer la foule des ennemis qui l'environnaient. Une autre fois, tandis qu'il combattait sur la plate-forme d'un temple, deux Mexicains qui étaient venus à lui comme suppliants, l'enlacèrent dans leurs bras et le précipitèrent sur le pavé, dans l'espérance qu'en tombant avec eux, il s'écraserait comme eux ; mais Cortez qui était d'une force de corps prodigieuse, évita cette mort épouvantable en se retenant à la balustrade du temple.

Cependant la révolte de Mexico ne paraissait pas toucher à sa fin ; chaque jour voyait s'aggraver la situation des Espagnols. Déjà ils avaient perdu un grand nombre de leurs soldats ; d'un autre côté le manque de vivres commençait à se faire sentir. Déterminé par ces motifs, Cortez se décida à abandonner Mexico, pour aller chercher des renforts chez ses alliés. Il prépara sa retraite dans le plus grand secret et résolut de la faire pendant la nuit. Mais les Mexicains qui surveillaient de près tous ses mouvements, s'étant aperçus de son départ, le suivirent avec d'affreux hurlements. Les Espagnols, assaillis d'une part par les efforts de cette multitude, et attaqués d'un autre côté par des milliers de canots qui bordaient la chaussée le long de laquelle ils se

retiraient, souffrirent considérablement dans cette
retrait qu'ils ne parvinrent à effectuer qu'après
avoir perdu une partie de leurs forces.

Cortez, profondément affligé de ce désastre, eut
beaucoup de peine le lendemain, quand il parcourut
les rangs de ses soldats, à leur montrer ce front plein
de sérénité et de confiance qui était toujours pour
eux le présage de la victoire. Il reconnut la nécessité de changer promptement de position, et il mit
son armée en mouvement se dirigeant vers les terres
de la république de Tlascala. Les Mexicains, encou-
ragés par leurs succès de la nuit, poursuivirent les
Espagnols avec acharnement. Repoussés dans toutes
leurs attaques, ils revenaient toujours avec une
plus grande ardeur à la charge. Ils s'éloignèrent enfin des Espagnols, mais ce fut pour devancer leur
marche et gagner par des chemins détournés la vallée
d'Otumba, qui était sur la route de Cortez et où ils
se réunirent au nombre de plus de cent mille
hommes. Ils avaient désigné ce lieu pour être le tombeau des Espagnols. Cortez n'avait pas connaissance
de leur dessein ; aussi sa surprise fut grande, lorsque, arrivé au sommet de la montagne d'où l'on dé-
couvre la vallée d'Otumba, il aperçut cette nuée
d'ennemis qui lui barraient le chemin. Mais s'il
éprouva de l'étonnement à leur vue, son parti fut
bientôt pris et il fut digne de son courage. Ayant
formé sa troupe en colonne serrée, il se précipita au
milieu des Mexicains et en fit un carnage effroyable.

Toute la fortune de Cortez revient dans cette même journée. Partout où se porte le bataillon espagnol, il se forme autour de lui un vide immense d'ennemis. L'intrépide conquérant, marchant en avant sur des monceaux de cadavres, arrive près d'un endroit où il voit flotter l'étendard du Mexique; il se rappelle que ces peuples attachaient au  sort de ce drapeau la destinée des combats; il s'élance, suivi de quelques-uns des siens, se fait jour à travers les Mexicains, saisit l'étendard et le rapporte dans les rangs de ses soldats. Les Mexicains, frappés de stupeur, abandonnent leurs armes et laissent les Espagnols maîtres du champ de bataille.

Après cette mémorable journée, Cortez continua sa marche vers le pays de Tlascala, sans être inquiété davantage par les Mexicains. Il reçut le meilleur accueil de ses braves alliés qui, ayant déjà appris sa victoire, le conduisirent avec de grandes acclamations dans leur capitale.

Cortez put alors se reposer de tant de fatigues et de travaux qu'il venait d'essuyer; mais l'idée de la conquête du Mexique ne l'abandonnait pas, et il songea à se faire un meilleur plan pour achever ce grand ouvrage. Il fit un appel aux Tlascalans et à ses autres alliés, et il vit bientôt une armée de cent vingt mille hommes se ranger sous ses drapeaux. Certain du succès avec des forces aussi nombreuses, il ne voulut cependant marcher pour assiéger Mexico. qu'après avoir ajouté aux moyens de succès qu'il avait déjà entre les mains, ceux que l'expérience d'un long séjour dans cette ville lui avait indiqués.

Le principal objet qu'il avait en vue était de se procurer une flottille qui pût le rendre maître de la navigation du lac qui entoure les murs de la capitale du Mexique. Il donna en conséquence des ordres pour la construction de treize brigantins qui devaient lui assurer cet avantage. Ce travail était long et difficile ; il fallait que les Espagnols en fissent venir les matériaux de la Vera-Cruz, où se trouvaient les débris de leur flotte qui avait été coulée à fond. Cortez, ne voulant point perdre dans l'inaction le temps qui devait s'écouler jusqu'à la construction de ses brigantins, mena, en attendant, ses troupes à différentes expéditions qui le mirent en possession de toutes les villes situées sur les bords du lac de Mexico. Ces expéditions, en même temps qu'elles tenaient ses soldats en haleine, leur montraient la prise de la capitale du pays comme devant être prochainement le terme de leurs fatigues. Enfin, lorsque tout fut prêt pour agir, il fit lancer les brigantins à l'eau, et mettant son armée sous la protection de l'artillerie que portait cette flotte, il lui donna l'ordre de s'avancer par la chaussée qui conduit aux murs de la ville. Les habitants, guidés par Guatimozin, nouvel empereur qu'ils avaient élu, apportèrent aux opérations de Cortez ce même courage frénétique dont ils avaient donné précédemment des preuves. Les Espagnols ne parvinrent à se rendre maîtres de la navigation du lac qu'après un grand nombre de combats vivement disputés, et dans lesquels il leur fallut détruire toute la marine des Mexicains; ceux-ci se renfermèrent alors dans leur ville. Ils continuèrent à s'y défendre avec une intrépidité que les revers ne pouvaient abattre, et ils ne la cédèrent enfin aux Espagnols qu'après quatre-vingt-treize jours de siége et lorsque les vivres leur manquant, leurs corps exténués par la faim, ne furent plus capables de résistance.

Guatimozin, la veille de la reddition de sa capitale, avait tenté de se sauver pour aller continuer la guerre dans le nord de ses États. Quelques-uns de ses sujets, en occupant l'attention des assiégeants, se dévouèrent généreusement pour faciliter sa retraite; mais un brigantin aperçut le canot qui le portait et s'en empara. La prise de cet infortuné monarque acheva la conquête du Mexique, dont tous les peuples finirent par se soumettre à la domination espagnole.

Nous n'avons plus rien à dire de Cortez, qui, après les grandes actions que nous venons de décrire, ne fit plus rien de remarquable. Il passa le reste de sa vie à se défendre contre les ennemis que lui avait suscités sa gloire et à éprouver l'ingratitude des monarques. Ce grand homme qui avait donné à son pays la possession d'un empire d'une richesse étonnante et d'une étendue bien au-dessus de la sienne, ne put obtenir qu'avec beaucoup de peine d'en être nommé gouverneur. Cette charge lui fut même bientôt retirée, et on l'accabla de tant de dégoûts, qu'il s'embarqua pour l'Espagne, comptant y trouver plus de tranquillité, et la considération surtout, qu'on ne pouvait sans injustice refuser à des faits aussi méritants que ceux qu'il avait accomplis. Il n'y trouva que l'oubli de ses glorieux services. L'empereur Charles-Quint rebuta même un jour le conquérant du Mexique jusqu'à lui demander qui il était : — « Je suis, répondit Cortez avec toute la hauteur espagnole et toute la fierté d'une âme justement indignée, je suis un homme qui vous a donné plus de provinces que vos ancêtres ne vous ont laissé de villes. »

Enfin de nouveaux dégoûts firent former à Cortez le projet de retourner dans la Nouvelle-Espagne pour y finir ses jours; mais il fut arrêté à Castillega de la Cuesta par une maladie qui mit fin à sa vie. Il était alors âgé de soixante-trois ans; il n'en avait que trente-trois quand il acheva la conquête du Mexique. Il eut ainsi pendant trente ans à se débattre contre l'infortune. Il laissa un fils nommé Don Martin Cortez, et trois filles qui s'allièrent à d'illustres maisons.

# KLÉBER.

—

Kléber est un de ces hommes extraordinaires qui, dans la guerre de la Révolution, ont reculé la gloire du nom français jusqu'à des bornes encore ignorées dans les fastes de notre histoire. Il naquit à Strasbourg, dans l'Alsace, en 1750 ; ses parents appartenaient à la classe moyenne. — Son père étant mort, sa mère se remaria avec un architecte, qui, lorsque Kléber fut arrivé dans un âge à pouvoir prendre un état, lui fit embrasser sa profession. Il y montra des dispositions si heureuses que son beau-père, voulant perfectionner son talent, l'envoya à Paris pour étudier sous les grands maîtres. Kléber ne sut pas profiter longtemps de leurs leçons. Un caractère ardent et impétueux, caractère que les années et la position sociale dans laquelle il se trouva placé dans la suite ne pouvait que difficilement modérer, l'entraîna dans tous les excès d'une vie oisive et dissipée.

Il ne trouvait à Paris que trop d'occasions de quitter
le travail pour suivre la pente de son caractère. Les
écarts auxquels il se livra, parvinrent aux oreilles de
ses parents, qui, pour mettre fin à ses désordres, le
rappelèrent auprès d'eux.

Peu de temps après son retour à Strasbourg, un
hasard singulier lui fit faire la connaissance de quelques Allemands qui l'engagèrent à rentrer dans la
carrière des armes, et qui, pour le mettre à même
d'y paraître d'une manière honorable, lui procu-
rèrent une place à l'école militaire de Munich.

Kléber changea de conduite dans cette école. Il
s'appliqua au travail et y fit des progrès extrême-
ment rapides. Le général Kaunitz, fils du prem er
ministre de l'Empereur d'Allemagne, étant venu à
Munich, on le mena visiter l'École militaire.

Kléber y fixa son attention par la correction de
ses dessins et la beauté de sa stature. Le général, lui
ayant adressé quelques paroles flatteuses, fut si satis-
fait de ses réponses, qu'il lui proposa de quitter
l'école et de venir le trouver à Vienne, promettant
de lui faire avoir un emploi avantageux.

Kléber accepta les offres du prince et se rendit
dans la capitale de l'Autriche. Le général Kaunitz
l'accueillit avec la plus grande bonté, et ayant reconnu
dans plusieurs entretiens avec son jeune protégé, que
ses inclinations le portaient vers la carrière militaire, il lui donna une lieutenance dans son régiment.
Dans la position où était Kléber, cette place aurait

dù combler ses désirs ; mais soit pressentiment du sort qui l'attendait en France, soit par un effet de cette inconstance alors naturelle à son caractère, au bout de quelques années il se dégoûta du service de l'Autriche et il donna la démission de son grade.

De retour à Strasbourg, il obtint de l'intendant de la province le poste d'inspecteur des bâtiments civils de la haute Alsace. Il conserva six ans cette place. Il mit à profit les longs instants de loisir qu'il y trouvait en cultivant son esprit par la lecture et en se perfectionnant dans son art.

Tels furent les faibles commencements d'un homme qui, à quelques années de là, devait fixer sur lui les regards de l'Europe.

C'est à la Révolution française que Kléber dut le développement de ces grandes qualités qui étaient comme enfouies dans son âme. Les changements que les principes répandus par cette révolution avaient amenés dans la forme de notre gouvernement, ayant fait marcher contre la France toutes les puissances de l'Europe, Kléber fut un des premiers à prendre les armes pour repousser l'agression étrangère. La connaissance de l'art militaire qu'il avait acquise en Autriche, le fit recevoir comme adjudant-major dans un des bataillons de volontaires qui se formaient en Alsace.

Il partit avec ce bataillon qu'il avait discipliné lui-même et fut envoyé à l'armée de Rhin-et-Moselle.

Peu de jours après son arrivée, le général Custine,

qui commandait cette armée, lui ayant donné l'ordre de se réunir à la garnison de Mayence, il soutint avec elle, contre les Prussiens, ce siége mémorable qui fut un des plus beaux faits d'armes de ces temps déjà si féconds en grands événements. Kléber trouva pour sa part de nombreuses occasions de se distinguer pendant ce siége, et il le fit d'une manière si brillante, que les représentants du peuple qui étaient dans la ville, le nommèrent adjudant-général. La garnison fut cependant obligée de se rendre. Elle était mal approvisionnée. et se trouvant réduite aux dernières extrémités par la famine, il lui fallut céder à des circonstances que son courage intrépide n'était point en état de surmonter. Par un article de la capitulation, elle s'engagea à ne reprendre qu'au bout d'un an les hostilités contre les puissances coalisées. Le gouvernement français l'envoya dans la Vendée. Kléber eut le commandement de cette province ainsi que le grade de général de brigade, qui lui fut donné comme une nouvelle récompense de ses services pendant le siége.

La garnison de Mayence fit changer la face de la guerre qui se faisait dans la Vendée. Elle y rappela la victoire qui avait abandonné le drapeau de la République. D'aussi loin qu'on apercevait les soldats de cette valeureuse garnison, ils portaient la terreur et l'épouvante dans les rangs des Vendéens. On les désignait sous le nom de Mayençais. Les Mayençais arrivent, disait-on ; et ce cri était toujours le signal de la fuite des ennemis. Pour montrer de quoi étaient capables ces intrépides soldats, nous citerons le trait suivant. Dans une occasion où l'armée était en déroute, Kléber, s'adressant à un chef de bataillon de la garnison de Mayence : « Prenez position à la tête de ce pont. lui dit-il, vous vous ferez « tuer avec votre troupe et vous assurerez par là le « salut de l'armée. — Oui, mon général, » répondit froidement l'officier. qui exécuta l'ordre qui lui était donné.

Cependant Kléber se dégoûta bientôt d'une guerre où la gloire des armes était étouffée par les cris de désolation qui s'élevaient du sein d'une population qu'on livrait à toutes les horreurs de la dévastation et de la mort. Il proposa plusieurs projets qui, s'ils eussent été adoptés, auraient pu amener la pacification de la Vendée. Mais voyant que les représentants du peuple, dont le devoir était de chercher à fermer une plaie qui dévorait une grande partie de la France, étaient ceux-là mêmes qui semblaient se complaire à l'entretenir, il demanda à quitter le théâtre de cette guerre odieuse, et il vint à Paris.

Il y fut nommé général de division et envoyé à l'armée du Nord, pour servir en cette qualité.

Cette armée venait d'éprouver des revers, et on travaillait à les réparer. Le général Jourdan en avait le commandement. L'armée des Ardennes eut ordre de se joindre à la sienne. Ces troupes réunies prirent la dénomination d'armée de Sambre-et-Meuse, nom qu'elles rendirent célèbre par le grand nombre de victoires qu'elles remportèrent et dont le gain de la bataille de Fleurus commença le cours si glorieux.

Les talents militaires de Kléber brillèrent du plus grand éclat à cette bataille. Après la fuite des ennemis, agissant séparément avec sa division, il battit les Autrichiens à Marchiennes, il courut de là à Mons et à Loavain dont il s'empara, après avoir mis l'ennemi dans une déroute complète.

S'étant réuni ensuite à Jourdan, il continua à accroître sa réputation dans plusieurs combats, où les Autrichiens firent des pertes considérables.

Au commencement de l'an III, il fut chargé du siége de Maëstricht, qui se rendit après onze jours de tranchée. Cette conquête importante ouvrit aux Français les portes de la Hollande, dont Pichegru s'empara deux mois après.

Le gouvernement chargea Kléber du siége de Mayence : mais n'ayant à sa disposition aucun des moyens nécessaires pour faire réussir cette entreprise qu'on lui avait donné à conduire dans la saison de l'année la plus rigoureuse, il prétexta une indisposition et se rendit à Strasbourg, d'où il obtint son rappel à l'armée de Sambre-et-Meuse.

Remis à la tête de soldats qu'il avait coutume de mener à la victoire, il se fit assez remarquer pour que,

pendant une maladie de Jourdan, celui-ci lui confiât
le commandement de l'armée. L'ennemi qu'il avait
déjà battu à Dusseldorf, à Altenkirchen, à Batsbach,
et à Francfort, le fut de nouveau à Forcheim et sur
la Rednitz.

Ces belles actions qui montraient Kléber comme
un des plus vaillants capitaines dont la France avait
à s'honorer, éveillèrent la jalousie du gouvernement
directorial ; car telle était l'incapacité de ces hommes
qui menaient à cette époque les affaires de notre
patrie, que tout ce qui se rendait recommandable
par des services importants, ne leur inspirait que le
sentiment de la crainte. Ils s'étudièrent à donner des
dégoûts à Kléber. Ce général n'était pas d'un caractère à les endurer patiemment.

Il écrivit au Directoire dans des termes pleins de
hauteur et lui envoya sa démission. Il vint ensuite
s'établir à Paris, où il vécut dans la retraite jusqu'au
moment de l'expédition d'Égypte.

L'homme de génie qui avait conçu l'idée de cette
grande entreprise, celui qui, par la renommée
de ses campagnes d'Italie, venait de placer son
nom à côté de ceux des capitaines les plus vantés de
l'antiquité, appréciait depuis longtemps les talents
de Kléber ; il l'appela à partager les périls et l'honneur de son expédition. En recevant cette proposition, Kléber sentit réveiller chez lui le désir de
la gloire, comme dans les premiers temps où
il s'était armé pour son pays, et oubliant les injus-

tices du gouvernement, il partit pour Toulon rejoindre Bonaparte.

La flotte française ayant mis à la voile, arriva sur les côtes d'Égypte, après un mois et demi de traversée. Les troupes furent aussitôt débarquées et s'avancèrent pour attaquer Alexandrie. En approchant de la ville, des cris épouvantables retentissent le long des murailles et annoncent à l'armée que l'ennemi est disposé à la plus terrible résistance. Méprisant les dangers qu'ils ont à courir, les Français s'élancent vers les remparts et les escaladent avec la plus grande bravoure. Kléber est au milieu de ses soldats. Il leur donne l'exemple de l'intrépidité et du courage, mais une balle le frappe à la tête et le fait tomber au pied des murailles. Les Français redoublent partout leurs efforts ; ils renversent tout ce qu'ils rencontrent sur la brèche, et pénètrent enfin dans la ville en marchant sur le corps des soldats de la garnison.

Après la prise d'Alexandrie, l'armée se dirigea vers le Caire, en prenant la route du désert. Kléber, qui ne pouvait la suivre à cause de sa blessure, resta à Alexandrie, dont Bonaparte lui donna le commandement.

Les Français, poursuivant leurs succès dans l'intérieur du pays, défirent les Mamelucks aux batailles de Chebreisse et des Pyramides, et s'emparèrent du Caire. En apprenant les glorieux travaux de ses compagnons d'armes, Kléber s'indignait de l'inaction à laquelle il se voyait condamné; mais il n'était pas destiné à languir longtemps dans un repos inutile. Son nom devait s'associer d'une manière intime à l'expédition d'Égypte, et c'était à lui qu'il était réservé de cueillir les plus belles palmes de cette immortelle entreprise.

Cependant les événements dont nous venons de parler avaient assis dans le pays la domination française. Les débris de l'armée des Mamelucks, retirés dans la haute Égypte, fuyaient devant les colonnes de Desaix; et Bonaparte, qui se voyait maître du Caire et sans ennemis, avait formé le projet de porter ses armes en Syrie, pour y détruire les armements que la Porte Ottomane y préparait, dans le dessein de lui enlever l'Égypte. Lorsqu'il eut tout disposé pour entrer en campagne, il donna l'ordre à Kléber d'aller prendre le commandement de la division qui occupait Damiette, et de se mettre en route avec elle pour se réunir à l'armée qui allait traverser les déserts de l'isthme de Suez.

Kléber s'embarqua sur le lac Menzaleh et vint débarquer à Tineh à l'autre extrémité du lac. Il marcha de là sur Tathieh, où l'on trouve un puits qui en fait un lieu de station pour les caravanes. Il se rendit ensuite à El-Arich. La division Régnier l'avait précédé dans ce fort qu'elle tenait assiégé. Kléber l'aida à s'en emparer. Les autres corps de l'armée arrivèrent successivement sous les murs d'El-Arich. Kléber reçut ordre de mettre sa division en mouvement pour former l'avant-garde de l'armée. Il partit, se dirigeant sur Kan-Younes, premier village qu'on trouve dans la Palestine, lorsqu'on est sorti du désert. Cette marche fut terrible pour ses troupes qui, égarées par leurs guides, marchèrent quarante-huit heures dans les sables, sans pouvoir se procurer une goutte d'eau. De Kan-Younes, Kléber continua son mouvement d'invasion et précéda l'armée devant Jaffa, dont il fut chargé de couvrir le siége. Après la prise de cette ville, il reprit son poste à l'avant-garde et arriva à Caïffa. L'armée se réunit dans cette position et s'avança vers Saint-Jean-d'Acre, dont elle forma l'investissement.

Tout était alors en mouvement dans la Syrie. Les habitants, soulevés contre l'irruption des Français, descendaient en foule de leurs montagnes, abandonnaient leurs villes et leurs villages pour aller joindre les troupes que la Porte Ottomane avait rassemblées pour marcher à la conquête de l'Égypte. Une fois ces forces réunies, elles passent le Jourdain, dans le but de faire lever le siége de Saint-Jean-d'Acre, dont la prise pouvait avoir les suites les plus funestes pour la Turquie. Indécis un moment, s'il attendra l'ennemi dans son camp ou s'il préviendra ses attaques, Bonaparte s'arrête à ce dernier parti et envoie en reconnaissance le général Junot. Ce général arrive à Nazareth, y est entouré par des forces immenses de cavalerie. Il forme sa petite troupe en carré, et repousse de tous côtés les efforts de l'ennemi. A la nouvelle de ce combat, Kléber reçoit l'ordre de partir du camp de Saint-Jean-d'Acre. Il emmène avec lui sa division, et après avoir mis sous son commandement les troupes de Junot, il marche contre les Ottomans. Il les attaque une première fois dans leurs retranchements de Sed-Jarra, qu'il emporte de vive force. Il les pousse de là dans les gorges du Mont-Thabor, où ces derniers opèrent leur réunion avec les Samaritains du Naplouzam, nouveau renfort accouru pour se joindre à eux.

L'ennemi comptait alors quarante mille combattants, dont vingt-cinq mille de cavalerie. Kléber n'avait que deux mille hommes à lui opposer; il fait connaître sa situation à Bonaparte, qui part en toute hâte pour le soutenir. Au moment où ce général arrivait, Kléber, entouré par les flots de cette innombrable cavalerie, avait sa division formée en carré et répondait à ses attaques par le feu de son artillerie; mais aussitôt qu'il aperçoit le secours qu'on lui amène, il quitte la défensive, et s'élançant au pas de charge sur l'ennemi, il culbute tout ce qui se présente devant lui, enlève à la baïonnette le village de Fouli, et met les Ottomans dans la plus désastreuse et la plus complète déroute. Les débris de cette armée vaincue repassent précipitamment le Jourdain et vont se réfugier dans les murs de Damas, pour se mettre à l'abri de la poursuite des Français.

Cette bataille du Mont-Thabor, que Kléber venait de gagner, est un des événements les plus mémorables de la campagne de Syrie. Les suites en furent aussi utiles pour l'armée que le succès en avait été glorieux. Elle permit à Bonaparte de continuer le siége de Saint-Jean-d'Acre. Ce général le poussa avec la plus grande vigueur, et il aurait fini par s'emparer de cette place, si la crainte d'un débarquement que les Ottomans pouvaient tenter sur les côtes de l'Égypte, ne lui eût fait penser que sa présence était plus utile dans ce dernier pays. D'ailleurs les motifs qui l'avaient conduit en Syrie, se trouvaient alors entièrement remplis. Les armées que la Porte y avait levées pour reprendre l'Égypte, avaient été détruites dans les plaines de Nazareth et les vallées du Mont-Thabor. A côté d'un pareil résultat, la ville de Saint-Jean-d'Acre ne valait pas la perte de quelques braves qu'elle pouvait encore coûter. Déterminé par ces considérations, Bonaparte se décida à lever le siége et à abandonner la Syrie.

La retraite de l'armée se fit avec tout l'ordre possible et sans qu'aucun ennemi osât se présenter pour l'inquiéter pendant sa route. A sa rentrée en Égypte, chacun des corps qui la composaient, ayant reçu l'ordre de reprendre les cantonnements qu'ils avaient occupés avant leur départ. Kléber s'embarqua sur le lac Menzaleh avec sa division, pour regagner la ville de Damiette.

Environ un mois après le retour de l'armée de la Syrie, une flotte turque de cent voiles, étant venue mouiller dans la rade d'Aboukir, opéra sur la plage un débarquement de vingt mille hommes de troupes. Ainsi fut justifiée cette sage prévoyance qui avait porté Bonaparte à renoncer à la vaine gloire de vouloir entrer dans les murs de Saint-Jean-d'Acre. A la nouvelle de ce débarquement, il envoya l'ordre à Kléber de faire un mouvement sur Rosette, en laissant les troupes nécessaires à la sûreté de Damiette et de la province. Il lui prescrivit plus tard de se porter à Fouah avec sa division. Enfin le jour de la victoire qui fut remportée sur les Turcs, Kléber était attendu à l'armée où il devait commander le corps de réserve ; mais, malgré toute sa diligence, il n'arriva qu'après la bataille. Lorsqu'il aborda Bonaparte, il lui dit, entraîné par un mouvement d'enthousiasme: « Général, vous êtes grand comme le monde! »

La bataille d'Aboukir termina les travaux de Bonaparte en Égypte. En quittant l'armée, il jeta les yeux sur le plus digne, et choisit Kléber pour le remplacer. Les talents de ce général se trouvaient enfin placés sur un théâtre à pouvoir briller de tout leur éclat ; mais les circonstances au milieu desquelles il se voyait appelé à la tête des affaires, étaient des plus difficiles. D'une part les soldats, qui depuis dix mois étaient privés de leur solde, nourrissaient dans leurs cœurs les germes d'un mécontentement qui n'attendait que l'occasion d'éclater ; d'un autre côté, une guerre des plus terribles allait fondre sur l'Égypte.

Le Grand Seigneur avait enfin résolu de tirer la
vengeance la plus éclatante de tous les affronts
qu'avaient reçus les armes ottomanes, depuis que les
Français étaient entrés dans ses États. Une armée
formidable accourut à sa voix de toutes les parties
de l'Empire Ottoman, et vint couvrir de ses tentes et
de ses soldats toutes les plaines de la Syrie. Le Grand
Visir reçut ordre de partir de Constantinople et de
conduire cette armée à la conquête de l'Égypte. Dans
le même temps, et afin de mieux assurer le succès
de cette entreprise, une flotte chargée de six mille
hommes de janissaires d'élite, fut équipée dans les
ports de la Turquie et envoyée sur les côtes de l'Égypte,
où elle opéra un débarquement à deux lieues de Damiette.

Le général Verdier qui commandait dans cette ville,
courut aussitôt à l'ennemi, à la tête de la deuxième
demi-brigade d'infanterie légère, et le culbuta dans
la mer. Ce régiment, qui venait de se couvrir de gloire,
fut le premier à donner le signal du mécontentement
qui était répandu dans l'armée. Les armes encore
teintes du sang ottoman qu'il avait versé, il les bran-
dit contre son général, en lui demandant avec me-
naces le paiement de l'arriéré de sa solde. Kléber apprit cette révolte avec la plus profonde douleur; mais
s'il était le père de ses soldats, si déjà plusieurs fois
depuis que le commandement suprême lui avait été
déféré, il leur avait dit que le soin de leur bonheur
serait toujours l'objet de ses plus vives sollicitudes, il

voulait en retour l'obéissance la plus passive, sans laquelle une réunion d'hommes armés serait la plaie la plus funeste qui pût affliger la société. Il cassa la deuxième demi-brigade, et livra les principaux auteurs de la révolte à toutes les rigueurs des peines militaires. Cet exemple de sévérité arrêta le désordre sans cependant le contenir tout à fait. L'armée ottomane qui venait enfin de se mettre en marche pour envahir l'Égypte, tenait assiégé le fort d'El-Arich. Aveuglée par cet esprit de vertige qui fascinait les yeux des soldats, la garnison de ce fort se révolta contre son commandant et prêta des cordes aux Turcs pour les aider à monter sur les remparts. Une lâcheté aussi inouïe fut à l'instant punie par ceux mêmes qui devaient en profiter. Une fois maîtres du fort, les Turcs firent main basse sur la garnison, sans épargner aucun des traîtres qui leur avaient donné la victoire. Dans cet instant de carnage et d'horreur, un grenadier qui avait refusé de participer à la lâche conduite de ses camarades, entreprit de réparer à lui seul une faute collective. Il tira son coup de fusil au milieu de plusieurs barils de poudre; l'explosion, en faisant sauter une partie du fort, ensevelit sous ses débris des soldats qui n'étaient plus dignes de porter le nom de Français et un nombre considérable d'ennemis.

La prise d'El-Arich, qui est la clef de l'Égypte, et le mécontentement de ses troupes, firent porter au général Kléber des regards inquiets sur sa position.

L'avenir ne se présentait devant lui que sous un jour défavorable. Il n'y voyait qu'un accroissement de périls, sans aucun espoir de secours du côté de la France. Dans un tel état de choses, il ne crut pas pouvoir conserver la possession de l'Égypte ; mais, en cédant à la mauvaise fortune, il voulut rendre à son pays, sans qu'elle perdît un seul fleuron de sa gloire, la valeureuse armée dont on lui avait commis la destinée. Il envoya dans ce but des plénipotentiaires en Syrie, pour traiter avec le Grand Visir de l'évacuation de l'Égypte. Après le départ de ses plénipotentiaires, il partit lui-même avec toutes les troupes qui se trouvèrent sous sa main et alla camper à Salahieh, aux débouchés des déserts qui conduisent de la Syrie au Caire, afin de se tenir prêt à tout événement.

Les plénipotentiaires français furent bientôt d'accord avec le Grand Visir. Ce ministre de la Porte Ottomane avait une vive impatience de remettre l'Égypte sous la domination de son maître, et il accorda aux envoyés de Kléber toutes les conditions qu'ils voulurent mettre pour prix à notre retour en Europe. Le traité fut signé à El-Arich : Kléber en ratifia les conditions, et ramenant au Caire ses soldats, que ceux du Grand Visir suivaient à une marche de distance, il donna les ordres nécessaires pour l'évacuation du pays. Cette opération, dans laquelle il mit toute la loyauté de son caractère, touchait presque à son terme, lorsque la mauvaise foi des Anglais, qui cependant avaient paru comme médiateurs aux conférences d'El-Arich, vint arrêter le départ de nos troupes, et les placer dans une position où il s'agissait moins pour elles de vaincre que de mourir en sauvant l'honneur de leurs armes.

En effet, jamais position plus critique ne s'était offerte à une armée. Quatre-vingt mille Ottomans, campés aux portes du Caire, se considéraient déjà comme les maîtres du pays; toutes les villes de la haute et basse Égypte leur avaient été successivement livrées; le Caire même, entièrement évacué par nos troupes, devait leur être cédé le lendemain; la ville seule d'Alexandrie restait aux Français, parce qu'ils se l'étaient réservée comme le lieu où devait s'opérer leur embarquement. C'est en face de tant de périls, et lorsqu'il avait accompli tout ce que lui dictait le traité d'El-Arich que l'amiral Keith vint notifier au général Kléber l'opposition de son gouvernement à l'exécution de cette convention. *Le roi mon maître,* lui écrivait insolemment cet amiral, *m'a ordonné de n'accorder aucune capitulation à l'armée française d'Égypte, à moins qu'elle ne mette bas les armes et ne se rende prisonnière de guerre.* Des propositions de cette nature, faites à des soldats qui préféraient la mort la plus cruelle à la honte de voir flétrir les lauriers dont ils étaient couverts, enflammèrent l'armée de vengeance et de fureur; au même instant elle oublia tous ses motifs de mécontentement, et dans l'impuissance où elle était de pouvoir atteindre les Anglais, elle demanda à grands cris qu'on la conduisît vers les Ottomans. A l'exemple de Léonidas, nos braves soldats s'écriaient de toutes parts en aiguisant leurs baïonnettes : « Si les Anglais veulent nos armes, qu'ils viennent les prendre ! »

Kléber, pour ajouter encore une plus grande énergie à ce noble enthousiasme qui venait de s'emparer de son armée, lui donna le signal des combats par ces mots bien plus propres à électriser que ces longues harangues que les historiens grecs et romains ont coutume de mettre dans la bouche de leurs généraux : « Soldats ! nous répondrons par des victoires à l'insolence des Anglais ; préparez-vous à combattre !... »

Il partit la nuit suivante du Caire pour attaquer les Ottomans, qui étaient campés à deux lieues de cette ville, sur les ruines d'Héliopolis. L'armée française, rangée en bataille sur cinq carrés placés par échelons, présentait de tous côtés un front inabordable à l'ennemi. Celui-ci avait avec lui une nombreuse cavalerie qui renferma les Français au milieu d'elle, en formant un immense cercle de près de deux lieues de circuit. Plusieurs fois cette cavalerie s'approcha de nos carrés, en cherchant un endroit faible par où elle pût les entamer ; mais à la fin, se trouvant trop maltraitée par le feu terrible de notre artillerie, elle se décida à la retraite et gagna confusément la route du désert. Elle entraîna dans sa fuite toutes ces hordes indisciplinées, qui n'avaient suivi le Grand

Visir que dans l'espoir de s'enrichir de nos dépouilles, et qui abandonnèrent ses drapeaux, lorsqu'elles virent qu'il fallait les acheter au prix de leur sang et de leur vie. Ainsi, cette armée innombrable, accourue du fond de l'Asie sur le territoire de l'Égypte, et qui s'était vue sur le point de vaincre sans avoir à combattre, se dispersa devant nos carrés, comme la poussière du désert devant les vents orageux du Kamsin. Kléber suivit de près les Ottomans dans leur fuite. Il les chassa de Belbeis, où ils entreprirent de se reformer ; il leur livra un nouveau combat à Coraïm, et les suivit jusqu'à Salahieh, d'où s'étant jetés dans les déserts de l'isthme de Suez, pour se dérober à sa poursuite, ils gagnèrent la Syrie dans le désordre le plus affreux, et réduits à peine à six mille hommes, de quatre-vingt mille combattants qu'ils étaient à leur entrée en Égypte.

Kléber revint alors au Caire où des événements d'une nature extrèmement importante réclamaient sa présence. Cette ville, dans laquelle un corps de douze mille ennemis s'était introduit le jour de la bataille d'Héliopolis, était livrée à toutes les horreurs de la plus sanglante révolte Les habitants tenaient assiégés dans la citadelle et dans quelques forts qui dominaient le Caire, le peu de soldats qui avaient été laissés à la garde de ces postes. Ils avaient massacré tous les Français isolés qu'ils avaient pu rencontrer dans les rues ou dans les maisons de la ville ; ils avaient commis, surtout, les excès les plus inouïs dans le quartier franc, où, après avoir égorgé les négociants européens qui y faisaient leur demeure, ils s'étaient partagé leurs dépouilles sur les corps palpitants de ces malheureuses victimes.

Kléber, en arrivant sous les murs du Caire, entreprit de ramener les habitants par des voies de conciliation. Il avait d'abord à ménager le sang de ses soldats, dont la perte était irréparable à un si grand éloignement de la métropole; il lui répugnait d'ailleurs d'exposer à toutes les horreurs d'un assaut une des plus grandes et des plus florissantes villes de l'Orient, qui était le siège de notre établissement dans le pays. Mais voyant que ses propositions n'étaient point écoutées, il donna ordre qu'on poursuivît les révoltés le fer et la flamme à la main. Telle était la persévérance incroyable qu'ils mettaient dans leur résistance, que les Français ne pouvaient se considérer comme véritablement maîtres d'un quartier qu'après en avoir détruit ou incendié les maisons. Ce siége épouvantable durait depuis un mois, lorsque les habitants qui ne voyaient plus autour d'eux que des monceaux de débris et de ruines, se décidèrent enfin à prévenir la destruction totale de leur ville, en recourant à la clémence des vainqueurs. Kléber accepta leur soumission, en leur promettant qu'il ne serait plus versé de sang, et il permit à la garnison turque de sortir de la ville avec armes et bagages et de se retirer en Syrie.

Pendant le siége du Caire, des détachements de

troupes envoyés dans la haute et dans la basse Égypte, avaient remis le reste du pays sous la domination française. Ainsi fut terminée cette guerre qui, après avoir menacé l'existence de l'armée, eut le double résultat d'asseoir sur des bases plus solides que jamais son autorité en Égypte, et d'élever à une hauteur immense la gloire du général qui l'avait conduite à ces grandes actions.

Rendu aux douceurs de la paix, Kléber ne songea plus qu'à entretenir la tranquillité qu'il avait procurée à l'Égypte. Son armée fut l'objet de ses premiers soins. Les dix mois de solde qui lui étaient dus, quand il avait pris le commandement, s'étaient encore accrus de tout l'arriéré qui s'était amassé depuis cette époque. Il couvrit cette dette énorme au moyen d'une contribution de douze millions de francs, dont il frappa la ville du Caire, en punition de sa révolte. Cette somme ayant laissé un excédant considérable, il l'employa à habiller à neuf tous les corps de l'armée et à mettre dans la position la plus florissante les différents services qui avaient pour objet de pourvoir à ses besoins habituels.

Il tourna ensuite ses regards vers les habitants. Il avait en vue de grands projets pour la régénération civile et politique du pays ; il voulait surtout introduire un nouveau système de finances, ayant reconnu tous les vices de celui dont les Français avaient hérité de l'ancien gouvernement. Enfin, pour conserver à la France cette belle colonie, il voulait faire travailler aux fortifications du Caire et à celles des principales places et des côtes de l'Égypte, dont il avait conçu un plan général de défense ; mais tous ces projets ne purent être médités que par son génie, et l'exécution en fut arrêtée par la fin cruelle que lui apporta tout à coup le fer d'un assassin. Nous devons au lecteur le récit de cet événement désastreux.

Le Grand Visir, furieux du mauvais succès de son expédition contre l'Égypte, avait résolu de s'en venger à quelque prix que ce fût. Tous ceux qui connaissent les mœurs des Orientaux, savent assez que les crimes les plus affreux forment une partie de la cruelle politique de ces peuples. C'était une vengeance de cette nature que méditait le Grand Visir. Son intention était de faire lâchement assassiner le général qui l'avait loyalement vaincu.

Après avoir conçu un si horrible dessein, il voulut en confier l'exécution à un officier de son armée, nommé Ahmet-Aga, qu'il avait disgracié et qui était retiré à Jérusalem.

L'assassinat de Kléber lui fut proposé comme condition de son retour à la faveur. Cet officier, fatigué de son exil, accueillit avidement ce projet, et songea de suite à trouver les moyens de le mettre à exécution. Tandis qu'il cherchait à y parvenir, le hasard vint lui en offrir un qui le servit au delà de ses espérances. A cette époque, un jeune homme d'Alep, appelé Soleyman, qu'un motif de pèlerinage

avait conduit à Jérusalem, se présenta chez Ahmet-Aga
pour implorer sa protection. Il demandait à soustraire
son père à des vexations de toute espèce qu'Ibrahim-
Pacha, gouverneur d'Alep, lui faisait éprouver. Ce
jeune homme était doué d'une imagination exaltée.
Il poussait le fanatisme de la religion musulmane,
jusqu'à croire que le meurtre d'un chrétien était le
sacrifice le plus agréable qu'il pût offrir au dieu de
Mahomet. Dans plusieurs conférences qu'ils eurent
ensemble, Ahmet-Aga eut occasion de démêler le caractère de Soleyman. Il exalta ses sentiments religieux, et lui ayant fait part des projets du Visir, il
l'engagea à se charger du meurtre de Kléber, lui
promettant à ce prix, non-seulement sa protection
pour son père, mais pour lui-même toutes les récompenses qu'il pourrait ambitionner.

Soleyman, bien moins flatté de ces promesses que
du choix qu'on faisait de lui pour être l'instrument
de la vengeance divine, n'hésita pas un seul instant
à se rendre aux désirs du monstre qui le poussait à
une action aussi atroce. Il partit sur-le-champ de
Jérusalem et se rendit à Gaza; là, il reçut de l'argent
et de nouvelles instructions du gouverneur de cette
ville, à qui Ahmet-Aga avait confié le secret du voyage
de Soleyman. S'étant ensuite muni d'un poignard,
il prit la route du Caire avec toute l'ardeur d'un fa-
natique qui croit qu'une impulsion divine lui commande le meurtre et l'assassinat. C'est ainsi qu'un zèle
de religion mal entendu a toujours conduit les

hommes aux plus horribles forfaits ; c'est ainsi que les Clément et les Ravaillac croyaient que leur bras parricide était mû par la divinité même.

Kléber n'était point au Caire au moment où y arriva son assassin. Il avait établi momentanément sa résidence à Gizeh, où il attendait que des réparations qu'il faisait faire à son quartier général, qui avait été détruit en grande partie pendant le siége du Caire, fussent achevées. Soleyman croyant trouver plus de facilité, pour venir à bout de son crime, dans le tumulte et l'embarras d'une grande ville, résolut d'en différer l'exécution jusqu'au retour de Kléber. Mais après l'avoir attendu pendant un mois, il ne put contenir davantage le fanatisme qui le dévorait et il partit pour Gizeh dans le dessein d'y chercher sa victime. Ce jour-là, Kléber venait au Caire pour visiter les réparations de son hôtel. Soleyman qui le rencontra dans sa route, se mêla à la foule qui le suivait ; il s'approcha même plusieurs fois de ses gardes, afin de mieux le reconnaître, il entra avec lui dans le quartier général, et fut se cacher dans le jardin.

Kléber passa au Caire une partie de la journée ; il se préparait le soir à retourner à Gizeh ; voulant respirer l'air pendant quelques instants, il alla se promener seul sur la terrasse de son jardin. Soleyman se présente. A la misère des vêtements qui le couvrent, à l'humilité de sa démarche, Kléber s'imagine que c'est un Égyptien qui vient lui demander une grâce, et le laisse approcher sans défiance ; au moment où il lui tend la main avec bonté, le féroce assassin se baisse comme pour sortir une supplique de son sein, et tirant rapidement son poignard, il en frappe Kléber. Le malheureux général tombe à terre en appelant au secours; ce cri est entendu de l'architecte Protin, qui dirigeait les réparations de l'hôtel et dans ce moment se trouvait au jardin : il accourt et s'élance sur le meurtrier. Victime lui-même de son généreux dévouement, il tombe percé de six coups de poignard. Soleyman revient ensuite sur le général Kléber qui ne respirait plus et le frappe de plusieurs autres coups pour être plus certain de ne pas le quitter sans lui avoir ôté la vie. Après avoir commis ces deux crimes, il court se réfugier sous les débris de murailles qui se trouvaient dans le jardin.

Cependant on attendait Kléber dans le salon de l'hôtel pour retourner à Gizeh. Ses aides de camp, les généraux qui composaient sa suite, ne le voyant pas rentrer, vont pour le prévenir que tout est prêt pour le départ. Quelle est leur extrême surprise quelle est surtout leur profonde consternation, lorsque, arrivés sur la terrasse du jardin, ils le voient à terre, étendu sans mouvement et nageant dans des flots de sang. Les cris que leur arrache cet affreux événement pénétrent dans le quartier général et retentissent de là dans toute la ville du Caire. Une foule innombrable accourt : l'assassin qu'on avait découvert dans sa retraite, devient l'objet des imprécations des Français et des habitants de la ville. On a peine à le garantir de la fureur des soldats qui, levant leurs armes sur sa tête, déclarent qu'ils veulent se charger eux-mêmes de la punition de ce monstre; on le conduit devant une commission militaire qui est formée à l'heure même et qui, après avoir reçu l'aveu et tous les détails de son crime, le condamne à mourir du supplice du pal.

Dans les diverses circonstances que nous venons de décrire, le courage de Soleyman et le calme impassible de son âme ne l'abandonnèrent pas un instant. Le fanastime qui le possédait parut encore avec plus de force au moment où on le conduisait à la mort. L'armée française en garnison dans la ville du Caire et toute la population de cette immense capitale de l'Égypte, assistèrent au supplice de ce scélérat. On exécuta avant lui trois scheïks de la mosquée de Gamet-el-Azar, où il avait été se loger en arrivant au Caire, et qui avaient reçu la confidence de son crime sans en donner connaissance aux autorités françaises. En le rendant témoin de leurs souffrances, on voulait augmenter l'horreur de celles qui lui étaient préparées; mais ces diverses exécutions ne parurent pas ébranler la fermeté de son âme. Les regards attachés au ciel, il semblait attendre le moment où il allait y recevoir la récompense de son martyre. Lorsqu'il eut expiré sur le pal, son corps ainsi que les têtes des trois scheïks furent hissés sur des perches qu'on laissa exposés sur le lieu de l'exécution, afin que cette vue, en frappant de terreur tous les Égyptiens, leur ôtât pour jamais l'envie de s'exposer à un pareil supplice.

L'armée française, après qu'elle eut ainsi vengé la mort de son général, s'occupa des derniers devoirs qu'elle avait à rendre à sa cendre. Elle partit du lieu même de l'exécution, déployée en colonne, et se dirigea vers la ferme dite d'Ibrahim-Bey, qu'on avait disposée pour inhumer les restes de l'infortuné Kléber. Le sarcophage où se trouvait son corps, traîné par six chevaux caparaçonnés de noir, et entouré par tous les généraux, ouvrait la marche de l'armée. Elle suivait dans le plus grand silence ce char funèbre qui portait l'objet de toutes ses affections. Tous les soldats étaient plongés dans un profond recueillement; des larmes coulaient de tous les yeux. Le son lugubre des tambours, recouverts de crêpes noirs, leur rappelait à chaque instant la perte irréparable qu'ils venaient de faire. La musique des demi-brigades se mêlait de temps en temps à ce concert funèbre et frappait l'air par intervalles de sons tristes et plaintifs. Le convoi arriva dans cet ordre à la ferme d'Ibrahim-Bey. Le tombeau de Kléber y avait été préparé dès la veille. Son corps y fut déposé au milieu des détonations de l'artillerie des régiments, qui retentissaient comme un long écho de la tristesse de l'armée. Après les autres cérémonies militaires suggérées par une telle circonstance, l'armée se retira de ce lieu de douleur et rentra dans la ville du Caire.

# POMPÉE ET MOREAU.

—

Nous réunissons ici les biographies de deux hommes que l'estime de leurs contemporains et les jugements de la postérité ont placés, chacun, au sommet du second degré de la gloire militaire. En effet, Pompée a été déclaré le premier général de Rome, après César; Moreau a occupé le premier rang en France après Napoléon. Cette portion de gloire qu'on leur a faite, honore suffisamment leurs exploits, puisqu'ils n'ont cédé la première place qu'à des hommes qui n'apparaissent que rarement dans le monde, et dont l'enfantement est comme un violent effort de la nature, effort après lequel elle a besoin d'une succession de siècles pour se reposer.

# POMPÉE.

—

Le nom de Pompée était connu depuis longtemps
à Rome comme l'un des premiers et des plus illustres. Cnéius-Pompée, le père de notre héros, avait été
honoré de plusieurs consulats, et s'était distingué
par plusieurs victoires remportées sur les ennemis
de sa patrie. Le jeune Pompée hérita de bonne
heure des nobles exemples qu'il trouvait dans les tra-
ditions de sa famille. C'est à l'occasion de la guerre
sociale, entreprise par les peuples de l'Italie, qui voulaient obtenir par les armes le titre de citoyens romains que la République leur refusait. Chargé, vers

la fin de cette guerre, du commandement d'un corps de troupes, Pompée battit les Picentins, emporta la ville d'Asculum, et remporta contre les Marses une victoire où dix-huit mille ennemis succombèrent.

Dans la guerre civile entre Marius et Sylla, Pompée prit parti pour ce dernier. Il fut le rejoindre à Brindes, au retour de son expédition contre Mithridate, et lui amena un secours de trois légions, qu'il avait levées autant par l'autorité de son nom, que par l'influence qu'exerçait sa famille dans les contrées de l'Italie les plus voisines de Rome. En allant trouver Sylla, il avait eu à combattre Brutus, un des généraux de Cinna, qui avait voulu s'opposer à sa marche. Il défit ensuite Marcius, autre général de Cinna. Lorsque Sylla se fut emparé de Rome, Pompée se mit à la poursuite de Carbon, qui, depuis la mort du vieux Marius, continuait la guerre civile de concert avec Cinna. Il le chassa d'abord de l'Afrique; le suivit de là en Sicile, et le joignit ensuite dans l'île de Corcyre, où il s'empara de sa personne et le fit mettre à mort.

Sylla ayant abdiqué la dictature, Lépidus voulut exciter des troubles à Rome, pour se rendre maître de la République. Pompée, réuni au consul Catulus, battit ce faible ennemi et l'obligea à quitter l'Italie. Il se rendit ensuite en Espagne, n'ayant encore que vingt-six ans, pour y combattre Sertorius qui avait rallié dans cette province les restes épars du parti de Marius.

La fortune de Pompée s'éclipsa un moment devant celle de ce grand capitaine; mais Sertorius ayant été assassiné par Perpenna, Pompée reprit tous les avantages, et termina cette guerre par la mort du nouveau chef ennemi, que la défection de ses soldats fit tomber entre ses mains. En retournant en Italie, il rencontra sur sa route les débris de l'armée de Spartacus, ce fier conducteur d'esclaves, qui soutenait depuis trois ans contre la République romaine une lutte où il avait fait trembler plusieurs fois cette orgueilleuse maîtresse du monde. Sa fortune était alors à bout, et dans cette journée même, ses troupes, battues par Crassus, fuyaient devant ce général. Pompée fit entourer ces esclaves fugitifs par ses légions, qui les exterminèrent jusqu'au dernier; mais il gâta ce triomphe par la prétention de vouloir passer pour le vainqueur dans une guerre où le hasard était venu conduire sous ses coups des ennemis entièrement abattus et hors d'état de leur opposer une résistance sérieuse.

Arrivé à Rome, Pompée trouva sa patrie dans l'agitation d'un danger pressant. Une association de pirates s'était formée depuis quelque temps dans la Méditerranée. Peu dangereux dans le principe, le nombre de ces brigands avait fini par s'accroître. Ils avaient à leur disposition un grand nombre de vaisseaux, avec lesquels ils parcouraient la Méditerranée en tous sens, descendant sur les côtes de l'Italie, pour y massacrer les populations, et interceptant les convois de grains que la Sicile et l'Afrique avaient coutume d'envoyer à Rome pour la subsistance de ses habitants. Pompée fut chargé de délivrer sa patrie d'un si terrible fléau. Le peuple, qui, plus que la partie aristocratique de la nation, souffrait de cette guerre, lui accorda les pouvoirs les plus étendus, afin de mieux assurer le succès de la mission qu'il lui confiait. Pompée n'abusa pas de ses pouvoirs et répondit par de grandes actions à la confiance de ses concitoyens. S'étant mis en mer avec une flotte de cinq cents vaisseaux, il poursuivit les pirates avec la plus infatigable activité. Après avoir détruit la masse de leurs forces dans plusieurs affaires générales, il visita les ports, les havres, les détroits et jusqu'aux moindres anses, afin d'exterminer tout ce qui d'abord avait pu échapper à ses coups. Une poursuite aussi active détruisit dans une seule campagne la puissance formidable que ces pirates s'étaient acquise. La plupart furent tués. Ceux qui survécurent ne possédant plus aucuns moyens de résistance, vinrent, au nombre de vingt mille, se livrer au général romain. Pompée ne voulant pas exterminer un si grand nombre d'hommes, leur accorda la vie, mais en même temps, pour que sa clémence ne fût pas préjudiciable aux intérêts de sa patrie, et ne fût cause du renouvellement de la guerre, il les fit transporter fort avant dans les terres, afin que, trouvant à s'occuper à des travaux moins rudes que ceux de la mer, ils pussent changer les habitudes qui les avaient rendus si redoutables à la société.

De retour à Rome, le peuple, dans son enthousiasme, donna à Pompée le commandement suprême de toutes les forces de la République, et lui confia le soin de la guerre contre Mithridate. Ce prince était, depuis Annibal, l'adversaire le plus redoutable contre lequel eussent lutté les armes romaines. Au plus fort de ses désastres, il avait voulu renouveler les entreprises dont le grand général carthaginois avait donné l'exemple en allant porter la guerre au sein même de l'Italie.

Sylla, premier général envoyé pour le combattre, l'avait vaincu dans plusieurs batailles, mais sans parvenir à le renverser. Après Sylla, Lucullus avait fait glorieusement la guerre à ce roi, qui, toujours prêt à succomber, se relevait toujours plus fort. Pompée abattit à jamais sa puissance, et l'obligea à se donner la mort, pour s'éviter la honte de tomber au pouvoir des Romains. Il vainquit ensuite Tigrane, roi d'Arménie, pacifia les affaires de la Judée et de l'Egypte, et revint en Italie chargé du poids d'une gloire immense.

A son entrée dans Rome, il triompha des nations qu'il avait vaincues en Asie, avec un faste et un éclat dont aucun général n'avait encore donné l'exemple. Cette action fit déclarer publiquement contre lui les ennemis que lui avait suscités sa gloire. Parmi ceux-ci, on remarquait d'abord César, puis Crassus. Mais la rivalité qui s'éleva entre ces trois hommes n'occasionna alors aucun trouble dans l'E'at, aucun d'eux n'étant assez puissant, en présence des deux autres, pour s'emparer du pouvoir. Ils finirent même par unir leurs intérêts et par partager entre eux les plus beaux gouvernements de la République. Pompée eut l'Espagne qu'il fit gouverner par ses lieutenants : Crassus la Syrie, avec la charge de faire la guerre aux Parthes; et César les Gaules, qu'il se proposait de conquérir, afin de se faire une réputation militaire.

Cet accord entre trois hommes dont chacun d'eux tendait au même but, celui d'être maitre de la République, ne pouvait longtemps subsister.

Pompée, resté à Rome pendant l'absence de ses collègues, y fomentait le désordre et les divisions intestines. Les moyens violents répugnaient à son caractère; il espérait que les Romains, fatigués de leurs dissensions, viendraient déposer à ses pieds la souveraine puissance, pour faire cesser l'excès de leurs maux.

Tandis que cela se passait à Rome, César portait ses armes victorieuses dans toute la Gaule, il battait les Helvétiens, les Belges, les Allemands, et faisait des incursions jusque dans la Grande-Bretagne. Ces grandes actions qui éveillaient la jalousie de Pompée, relâchèrent encore les liens qui l'unissaient à César. La

mort de Crassus, tué par les Parthes à la bataille de
Carres, vint briser tout à fait les nœuds du trium-
virat. On put prévoir, dès lors, que le sort des armes
serait appelé à mettre fin aux différends qui existaient
entre César et Pompée.

César, dont l'ambition était plus active que celle
de son rival, prenant pour prétexte le refus qu'on
lui faisait de lui permettre de postuler le consulat
pendant son absence, quitta la Gaule avec son armée, et s'avança vers l'Italie. Pompée était loin de
s'attendre à une agression aussi subite. Se confiant
beaucoup trop à l'influence de son nom, et ne connaissant point encore les projets de César, il n'avait
fait aucuns préparatifs de défense. Il abandonna
Rome avec les consuls et la plus grande partie du
sénat à l'approche de son ennemi, et alla rejoindre
deux légions qui lui appartenaient, et qui étaient
campées dans la Pouille. César l'y poursuivit avec la
plus grande rapidité. Il l'obligea à lui céder la campagne et à se retirer dans Brindes. Pompée lui
échappa par une manœuvre habile que les historiens
ont regardée comme un des plus beaux faits d'armes
de ce capitaine. Maître de la mer, et d'une marine
puissante, Pompée, en quittant la ville de Brindes, fit
monter ses troupes à bord, et alla débarquer en
Grèce, où il avait entrepris de porter le théâtre de la
guerre. César ne pouvant l'y suivre, faute de moyens
de transport, retourna sur ses pas, et, après avoir

établi sa domination à Rome, il alla s'emparer de l'Espagne.

Pompée profita de ce long repos que lui donnait son adversaire, pour s'entourer d'une armée formidable. La présence des consuls et de tout le sénat qui étaient dans son camp, faisait regarder son parti comme celui de la République. Aussi, toutes les légions de l'Asie vinrent le rejoindre, sans compter d'autres secours que lui envoyèrent les rois alliés de Rome.

Cependant, César qui avait détruit en Espagne les troupes aux ordres des lieutenants de Pompée, s'avançait à travers l'Italie pour combattre son rival. Il s'embarqua à Brindes avec une partie de ses légions et prit terre à Dyracchium, où était campée l'armée de Pompée. Celui-ci, refusant de sortir de ses retranchements, César forma le projet de l'assiéger dans son camp avec une armée qui cependant était bien inférieure à la sienne. Cette entreprise gigantesque faillit lui devenir bien funeste. Pressé par le besoin d'eau et la disette des fourrages, Pompée sortit de son camp et tomba sur les troupes de César, qu'il mit dans une déroute complète. C'en était fait de son terrible antagoniste, si Pompée avait su profiter de sa victoire; mais il manqua à sa fortune en ne poursuivant pas le cours de ses avantages au moment où César, entraîné lui-même dans la fuite de ses soldats, regardait comme inévitable la perte totale de son armée. Cet échec, qui l'avait mis si près de sa ruine, engagea César à changer le plan de campagne qu'il avait fait. Il s'éloigna du camp de Pompée afin de l'attirer dans la plaine. Celui-ci le suivit à quelque distance, ayant soin de prendre dans sa route des positions propres à éviter le combat. Ils arrivèrent ainsi dans la Thessalie, où Pompée établit son camp près de Pharsale. Là, il se renferma de nouveau dans des retranchements, voulant laisser l'armée de César se consumer dans l'inaction et le manque de vivres. Mais cette foule de jeunes patriciens qui avaient suivi son parti, et qui soupiraient après les délices de Rome, murmuraient hautement contre cette sage conduite de leur général ; ils l'accusaient de n'agir ainsi que pour se perpétuer dans le commandement. C'était un autre Agamemnon, disaient-ils, qui avait peine à voir s'éloigner de lui ce grand nombre de sénateurs et de personnages consulaires, qui lui composaient comme une cour, dont l'éclat flattait son orgueil autant que son amour pour la domination.

Pompée n'eut point assez de force de caractère pour résister à de semblables reproches. Il sortit de son camp, et vint offrir le combat à César. Ce fut alors qu'eut lieu cette bataille de Pharsale, qui détruisit en peu d'heures son armée et ses espérances. Pompée, fugitif après cette défaite, s'embarqua à Amphisolis, et fit voile vers l'Égypte, où il espérait trouver un refuge à la cour de Ptolémée, qui lui devait le rétablissement de son père sur un trône dont ses sujets l'avaient fait descendre. Mais ce prince pusillanime, voulant se ménager l'appui du vainqueur, oublia les bienfaits de Pompée et le fit lâchement assassiner au moment où il mettait le pied sur la terre d'Égypte. Son corps, laissé sur le rivage, y serait resté privé de sépulture, sans la pitié d'un de ses affranchis et d'un vieux soldat romain établi à Alexandrie, qui, avec les débris épars d'une barque, formèrent un bûcher, où ils consumèrent les restes de ce grand homme. Le crime de Ptolémée ne demeura pas longtemps impuni. César, en débarquant en Égypte, prit lui-même le soin de venger la mort de son rival, et lui fit élever un tombeau magnifique sur le lieu même où il avait été immolé.

# MOREAU.

—

La révolution française était destinée à opérer tous les genres de prodiges. Des hommes dont les noms étaient ignorés jusqu'alors, et qui sortaient pour la plupart des rangs les plus obscurs de la société, devaient, d'abord simples soldats armés pour la défense de la patrie, s'élever tout à coup aux premières dignités militaires. Au nombre des guerriers, qui, dans ces temps d'une éternelle mémoire pour la France, ont élevé si haut la gloire de son nom, on doit principalement remarquer le général Moreau.

Moreau naquit à Morlaix, en Bretagne, le 11 août 1763. Ses parents lui avaient fait embrasser la profession d'avocat : mais quand la révolution éclata, il sentit qu'une autre vocation parlait plus fortement en lui, et il prit la carrière des armes. Arrivé dans les camps, Moreau s'avança bientôt de grade en grade jusqu'à celui de général de brigade. Il servait en cette qualité en l'an II, dans l'armée du Nord, commandée par le général Pichegru. Cette armée préludait alors à cette glorieuse campagne qu'elle devait immortaliser par la conquête de la Hollande. Elle s'avançait vers ce pays, en soumettant à son pouvoir les places de la Flandre maritime.

Moreau, que Pichegru venait de faire nommer général de division, s'empara des villes de Menin, d'Ypres, d'Ostende et de Nieuport. Il enleva ensuite aux ennemis l'île de Catzand ou Cassandria et le fort de l'Écluse. Pichegru étant tombé malade, jeta les yeux sur Moreau pour le remplacer provisoirement dans le commandement de l'armée. Celui-ci justifia noblement la confiance de son chef, en achevant de soumettre la Flandre maritime. Au bout de deux mois, Pichegru étant venu reprendre le commandement, Moreau continua à le seconder dans les étonnants succès qui signalèrent la conquête de la Hollande.

Cette grande entreprise, où avait échoué en 1672 toute la puissance de Louis XIV, fut l'affaire d'une campagne d'hiver pour les soldats français que la révolution avait animés du feu de son enthousiasme. Cette expédition terminée, Pichegru fut appelé par le gouvernement au commandement de l'armée de Rhin-et-Moselle. Le même ordre mettait Moreau à la tête des troupes qui restaient dans la Hollande. Mais il n'y avait plus rien à faire pour lui dans ce pays; et, dans l'état d'inaction où on le laissait, il ne put qu'attendre avec impatience le moment où il pourrait employer ses talents militaires d'une manière plus utile pour la patrie.

Ce moment se présenta bientôt. Pichegru ayant donné sa démission du commandement de Rhin-et-Moselle, le Directoire exécutif qui voulait tenter de ce côté un grand effort en Allemagne, rappela Moreau de la Hollande, et il plaça sous ses ordres une armée de près de cent mille hommes. Moreau ouvrit la campagne par le passage du Rhin, qu'il effectua en présence de l'armée autrichienne du général Latour, un des lieutenants de l'archiduc Charles, commandant en chef de toutes les forces ennemies rassemblées sur ce point de nos frontières. Il défit les Autrichiens sur les bords du Renchen et auprès de la ville de Rastadt, il livra ensuite à l'archiduc Charles, arrivé au secours de Latour, la bataille d'Ettlingen, où il força ce prince à la retraite. Rempli des plus belles espérances par le gain de cette bataille, Moreau se porta alors sur le Necker; il s'empara de la ville de Stuttgard, défit de nouveau l'ennemi aux combats d'Ettlingen et de Canstadt, et, s'enfonçant tout à fait dans le cœur de l'Allemagne, il arriva sur les bords du Danube, après une nouvelle victoire remportée sur l'archiduc à Neresheim.

Moreau passa le Danube auprès de Donawerth; il battit encore une fois les Autrichiens à Friedberg, et envahit la Bavière avec son armée victorieuse. Il allait pénétrer dans les Etats héréditaires de l'Autriche, lorsque la fortune changeant de face pour les Français, vint arrêter le cours des succès de leur général.

Avant d'entrer en campagne, Moreau avait reçu l'ordre de combiner ses mouvements avec ceux de l'armée de Sambre-et-Meuse, commandée par Jourdan. Ces deux armées, parties l'une et l'autre des bords du Rhin, devaient marcher sur une ligne parallèle et opérer leur jonction en Allemagne pour écraser l'Autriche sous le poids d'une masse de près de 150.000 combattants. Ce plan, formé par le gouvernement français, était sans doute d'une belle conception; mais il convenait, pour en assurer la réussite, que les troupes chargées de l'exécuter fussent placées sous une même main. C'est ce qu'avait fait l'Autriche qui avait confié à un seul général le soin de repousser les deux agressions qui menaçaient l'Allemagne. A son arrivée sur les bords du Danube, l'archiduc Charles avait entrevu la possibilité de dérober ses mouvements à Moreau, et, n'ayant laissé devant lui que la moitié de son armée, il était parti avec le reste pour renforcer les troupes opposées à

Jourdan. Son dessein était d'obliger ce dernier à la retraite, et de revenir ensuite tomber sur Moreau avec toutes ses forces réunies.

Ce projet de l'Archiduc lui réussit au delà même de ses espérances. La déroute de l'armée de Jourdan étant venue placer celle de Rhin-et-Moselle dans la situation la plus critique, Moreau se vit dans la nécessité de donner l'ordre à ses soldats de revenir sur le Rhin. Cette retraite devait être pour ce général un des plus beaux fleurons de sa gloire. Il avait derrière lui l'armée de Latour, qui avait pris l'offensive aussitôt qu'il s'était aperçu du mouvement rétrograde des Français ; à quelques journées de distance, sur son front, était l'archiduc Charles, qui accourait en toute hâte pour lui barrer le chemin. Moreau défit le premier général ennemi au combat de Neubourg et à la bataille de Biberach. Continuant ensuite son mouvement de retraite, il s'engagea dans les défilés du Val d'Enfer, qu'il traversa en balayant devant lui les nombreuses colonnes autrichiennes qui garnissaient cette position. Arrivé sur les bords de l'Elz, il dispersa dans plusieurs combats les armées réunies de l'Archiduc et de Latour, et il s'ouvrit enfin les portes de la France, en forçant, à la bataille de Schliengen, les dernières barrières par lesquelles l'ennemi avait voulu arrêter sa marche.

Cette retraite, que quelques historiens ont comparée à celle de Xénophon, n'a sans doute point toute la grandeur et tout l'éclat de celle des Grecs, mais il nous semble qu'elle doit prendre sa place dans l'histoire, immédiatement après elle.

Nous ne devons point oublier de mentionner ici un événement mémorable, qui complète le triomphe de nos armées, nous voulons parler de la défense du fort de Kehl par Desaix ; cette défense vint à bout de l'ardeur des troupes autrichiennes qui nous avaient forcés d'abandonner l'Allemagne.

Peu de temps après la prise de Kehl par l'ennemi, Moreau reparut à la tête d'une nouvelle armée dans ces même lieux qu'il avait remplis de sa gloire. C'était alors l'époque des premières et si brillantes campagnes de Bonaparte en Italie. Le Directoire exécutif, qui voulait seconder par une puissante diversion les succès que nos armes obtenaient dans ce pays, donna l'ordre à Moreau d'envahir une seconde fois l'Allemagne. Ce général lança de nouveau ses troupes de l'autre côté du Rhin, et déjà il était à la poursuite de l'armée autrichienne, qui fuyait débandée devant ses colonnes, lorsqu'il reçut la notification des préliminaires de paix, signés à Léoben. Cette nouvelle arrêta sa marche et suspendit les hostilités. Le traité de Campo-Formio, qui survint quelques mois après, vint mettre fin à la première guerre continentale, allumée contre la révolution française.

Ce traité que l'Autriche avait imploré avec de vives instances pour se soustraire au danger qui la menaçait du côté de l'Italie, elle ne l'accepta dans sa pensée que comme un repos qu'elle se ménageait pour

être à même de reprendre les armes à la première
occasion favorable. Elle crut bientôt avoir trouvé
cette occasion dans une alliance qu'elle forma avec la
Russie, et, afin de profiter de suite de l'avantage que
lui donnait sa nouvelle position, elle fit rompre, par
une perfidie dont l'histoire des nations civilisées
n'offre pas un second exemple, les conférences de
Rastadt où se discutaient les intérêts dont le traité
de Campo-Formio n'avait fait que poser les bases.

La guerre ne tarda pas à se rallumer en Europe. A l'é-
poque où éclatèrent ces nouvelles hostilités, le général
Moreau était tombé dans la disgrâce du gouvernement.
Pendant sa dernière campagne en Allemagne, un déta-
chement français avait trouvé dans un fourgon appar-
tenant au général autrichien Kinglen, des papiers
d'une haute importance, qui dévoilaient les menées
secrètes de Pichegru avec les ennemis de la France.
Moreau s'était formé au métier des armes sous ce général. A ce sentiment de reconnaissance qu'il lui devait, se joignait encore un attachement sympathique
qui avait prit naissance dans la vie aventureuse des
camps. Moreau écouta moins dans cette circonstance
la voix de sa patrie que celle de ses affections person-
nelles. Il tint longtemps caché une correspondance
qui compromettait gravement son ancien ami et
compagnon d'armes ; il ne la produisit au grand
jour que lorsque la révolution du 18 fructidor
eut complétement dévoilé les projets criminels de
Pichegru.

Le Directoire exécutif, mécontent d'une révélation aussi tardive, retira à Moreau le commandement de l'armée de Rhin-et-Moselle, et le tint éloigné pendant plus d'un an de toutes fonctions militaires. Pressé à la fin par les circonstances critiques de la nouvelle guerre qui ravageait l'Europe, il se décida à lui redonner de l'emploi; mais comme s'il eût voulu en même temps l'humilier, il lui assigna le commandement d'une simple division de l'armée d'Italie. Moreau honora son nom, autant qu'il s'éleva dans l'estime de ses concitoyens, en acceptant, pour servir son pays, le poste subalterne où le plaçait la politique étroite du Directoire.

Moreau ne resta pas longtemps dans cette position. Schérer, sous les ordres duquel on l'avait envoyé combattre, était un général d'une faible capacité, et les moyens matériels qu'on avait mis à sa disposition n'étaient point propres à suppléer ses talents. Son armée s'élevait à peine à quarante mille hommes; et il avait en face de lui soixante mille Autrichiens, dont l'audace s'accroissait chaque jour par l'attente dans laquelle ils étaient de l'arrivée prochaine de quarante mille Russes venant renforcer les armées de la coalition. Ces forces, une fois réunies, devaient reconnaître pour chef le général Suwarow, auquel ses victoires contre les Turcs et la conquête de la Pologne avaient acquis une grande réputation. A côté de Suwarow, le nom peu connu de Schérer s'abaissait évidemment. Déjà les premiers

combats livrés contre les Autrichiens avaient décidé
la retraite de l'armée française, lorsque les troupes
russes débouchèrent des montagnes du Tyrol et vinrent se mettre en ligne avec leurs alliés. Schérer,
effrayé des premiers revers qu'il avait essuyés et
sentant toute son insuffisance à se soutenir dans la
situation critique où il était placé, abandonna volontairement le commandement de l'armée et le remit
à Moreau. Les Français se sentirent ranimés en passant sous les ordres de ce général. Mais s'il leur
rendait la confiance, il n'était pas également en son
pouvoir de ramener la fortune sous leurs drapeaux.
L'armée française, déjà si faible dans le commencement de la campagne, était encore diminuée de près
de dix mille hommes qu'elle avait perdus dans les
combats livrés avant le départ de Schérer. Dans un
tel état de choses, Moreau dut s'arrêter au seul parti
convenable à sa position, celui de sauver le petit
nombre d'hommes dont la destinée venait de lui être
confiée. Pendant qu'il prenait cette détermination,
Suwarow, animé du désir de justifier, par une action
d'éclat, cette haute illustration militaire qui avait
devancé son arrivée sur le théâtre de la guerre,
faisait ses dispositions pour nous attaquer. La
rivière de l'Adda se trouvait entre les deux armées.
Moreau, afin d'en empêcher le passage, avait fait
fortifier le village de Cassano. Les Russes et les
Autrichiens, rivalisant entre eux de bravoure, mirent
le plus terrible acharnement à emporter cette posi--

tion. Les Français la défendirent avec un courage non moins opiniâtre. A la nuit, ils abandonnèrent cependant le champ de bataille, mais sans quitter leurs rangs et en montrant par leur contenance qu'ils cédaient bien moins à la nécessité qu'aux sages prévisions de leur général.

Le lendemain, Moreau commença la retraite dont il avait arrêté le projet. Il se retira devant Suwarow, mais en cédant pied à pied le terrain qu'il lui abandonnait. Ayant déjà l'expérience de cette sorte de guerre il ne laissait aucune occasion à l'ennemi de prendre de l'avantage sur lui. Habile au contraire à profiter de ses fautes, il cerna entre Alexandrie et Valence un corps de dix-huit mille Russes, dont la plupart tombèrent sous les baïonnettes de ses soldats. Enfin il ramena son armée sur le territoire de Gênes, où elle effectua sa jonction avec celle du général Macdonald qui venait aussi de traverser l'Italie, après avoir évacué le royaume de Naples.

Le Gouvernement français ayant arrêté à cette époque une nouvelle organisation des armées de la République, envoya l'ordre à Moreau d'aller prendre le commandement d'une armée d'observation qu'on formait sur le Rhin. Celle d'Italie qui venait de recevoir quelques renforts, fut placée sous la conduite de Joubert. Moreau lui en remit le commandement dans la ville de Gênes. Avant de quitter Paris, Joubert avait reçu du Gouvernement l'ordre formel de livrer bataille à Suwarow, dès son arrivée en

Italie. Il confia ce projet à Moreau, et le pria de différer son départ jusqu'après l'affaire, lui proposant même d'exercer le commandement pendant sa durée. Moreau n'accepta de la noble proposition de son collègue que l'honneur de combattre à ses côtés le jour de la bataille. Elle se donna quelques jours après dans les plaines de Novi. Joubert ayant été tué dès le commencement de l'action, les suffrages de tous les généraux élevèrent Moreau au commandement. Il n'avait point partagé l'avis du Directoire sur le projet d'attaquer Suwarow. Mais alors il était trop tard pour revenir sur une telle résolution. La bataille était engagée sur tous les points et il ne fallait plus songer qu'à combattre pour chercher à obtenir la victoire. Moreau déploya dans cette journée tous les talents d'un grand capitaine et toute la bravoure d'un soldat. On le vit au premier rang s'élancer sur les ennemis et braver la mort sous le fer de leurs baïonnettes et le feu de leur artillerie. Ces efforts furent malheureusement inutiles. L'armée de Suwarow avait pour elle l'énorme supériorité du nombre. Elle obtint l'avantage dans cette lutte terrible, mais les pertes énormes qu'elle y fit ne lui permirent pas de troubler la retraite des Français que Moreau effectua sous les murs de Gênes.

Moreau quitta définitivement à Gênes le commandement de l'armée d'Italie, qu'il remit au général Championet, nouveau successeur qui lui fut envoyé par le Directoire. Il se rendit à Paris pour y soigner sa santé altérée par les fatigues de ses campagnes.

La belle conduite de Moreau en Italie et les brillants faits d'armes de sa carrière militaire l'avaient placé très-haut dans l'opinion du pays. La nation, à cette époque, était fatiguée de ses longues dissensions et de l'excès des maux que faisaient peser sur elle tous les pouvoirs éphémères qui se succédaient dans son sein. Dans cette situation, quelques hommes sages qui s'étaient réunis dans le dessein de donner à la France un gouvernement plus en rapport avec ses mœurs et ses besoins, offrirent à Moreau d'organiser en sa faveur un mouvement qui le porterait à la tête des affaires. Moreau refusa, en disant qu'il se croyait fait pour commander aux armées mais non à la République. On persistait cependant à vouloir lui faire accepter cette proposition, quand on apprit, dans la conférence où se débattaient ces grands intérêts de l'État, le débarquement du jeune vainqueur de l'Italie à Fréjus. Moreau dit alors aux personnes qui l'entouraient : « Voilà l'homme qu'il vous faut pour sauver la pa- « trie. »

On connaît cette grande révolution du 18 Brumaire qui fit franchir à Bonaparte les premiers degrés du trône sous le titre de premier consul. Le général Moreau ne fut point étranger à ce mouvement qu'il avait appelé de ses vœux et qu'il aida, dit-on, de son influence.

Quand il fut au pouvoir, Bonaparte s'occupa de

réparer les maux que les ennemis du dehors avaient faits à la France. Il forma une armée de réserve, dans l'intention de la conduire lui-même en Italie, pour remettre ce pays sous les lois de la République. Il voulut pousser la guerre dans le nord avec la même vigueur. Une armée nombreuse existait déjà sur le Rhin : c'était celle que le Directoire avait placée sous la direction de Moreau. Bonaparte le confirma dans ce commandement et lui enjoignit en même temps de partir de Paris pour se rendre au poste qu'il lui assignait. Moreau, brûlant de se signaler dans une guerre où il allait partager avec Bonaparte les regards de l'Europe, obéit avec joie à cet ordre. Ayant rejoint son armée, il la mit en mouvement. Jamais les talents militaires de ce général ne se déployèrent avec plus d'éclat que dans cette campagne ; jamais il n'obtint de succès plus rapides ni plus importants. Il envahit l'Allemagne en poussant devant lui l'armée autrichienne qui ne trouvait aucune position pour lui résister ; arrêté un moment dans le cours de ses triomphes par l'armistice conclu en Italie après la victoire de Marengo, il continua à presser dans sa fuite l'armée autrichienne qu'il atteignit enfin dans les plaines de Hohenlinden où il la mit dans une déroute complète. A la suite de cette bataille il s'avança sur Vienne, à la tête de ses phalanges victorieuses, lorsque l'empereur François II. s'humiliant devant nos armes, envoya un plénipotentiaire pour demander la cessation des hostilités. Le traité de

Lunéville, conclu sur les bases les plus avantageuses pour la France, termina dignement cette grande guerre et donna le repos à l'Europe.

Parmi les vaillants capitaines qui, dans ces temps remplis de souvenirs glorieux, avaient illustré leur pays, Bonaparte occupait le premier rang ; mais on ne cessait de répéter au vainqueur de Hohenlinden que tout rôle secondaire était au-dessous de lui. Moreau, retiré dans sa terre de Gros-bois, ne paraissait que rarement à Paris et jamais aux Tuileries ; il blâma hautement l'établissement de la Légion d'honneur et déclara qu'il n'en porterait jamais la décoration. Enfin on parvint à le faire entrer dans une conspiration dont Pichegru et Georges Cadoudal étaient les chefs. Il fut traduit devant un tribunal comme accusé et condamné à deux ans d'emprisonnement. Le premier Consul, sur la demande de la famille du général, commua la peine en un exil perpétuel.

Moreau se retira dans les États-Unis d'Amérique ; heureux s'il avait pu y terminer ses jours. Mais que ne peut l'ardeur de la vengeance même sur les âmes d'élite !

Après la campagne de 1812, Moreau écouta les propositions des souverains alliés qui l'appelèrent dans leurs conseils, pour les aider à frapper mortellement la France. Il quitta les États-Unis et se rendit sur le champ de bataille où se décidaient à cette époque les destinées de l'Europe. On assure que ce fut lui qui engagea les souverains alliés à porter dans le cœur de la France tous les fléaux de la guerre et qu'il leur traça même le plan de cette funeste invasion.

Moreau, le jour de la bataille de Dresde, se trouvait dans les rangs ennemis à côté d'Alexandre, lorsqu'un boulet de canon, parti d'une des batteries de la jeune garde, lui emporta les deux jambes ; transporté hors du champ de bataille, on le plaça sur une litière pour le conduire dans la Bohême. Il mourut en chemin de sa blessure. Les ennemis pleurèrent sa mort autant que leur défaite. Les Français s'en réjouirent au contraire et la considérèrent comme une juste punition de son crime.

# ALEXANDRE.

Alexandre était fils de Philippe, roi de Macédoine. Il naquit avec des instincts belliqueux et un amour ardent de la gloire et de la domination. Déjà les actions de sa jeunesse annonçaient en lui le grand homme que les dieux promettaient à la Macédoine. Il louait Achille d'avoir eu un poëte tel qu'Homère pour décrire ses grandes actions. Ses courtisans lui demandant un jour s'il ne se présenterait pas aux jeux Olympiques pour y disputer le prix de la course : « Je m'y présenterais, dit-il, si je devais avoir des rois pour antagonistes. »

Les triomphes de son père Philippe troublaient

son sommeil, comme ceux de Miltiade avaient troublé celui de Thémistocle. Toutes les fois qu'il apprenait la nouvelle de quelque victoire remportée par son père, au lieu de s'en réjouir avec toute la Macédoine, il disait d'un ton plaintif aux jeunes gens qui étaient élevés avec lui : « Mes amis, le roi prendra tout et ne nous laissera rien à faire. » Il avait à peine vingt ans, lorsque la mort de son père lui laissa le fardeau d'une royauté environnée de mille périls. Les nations barbares, que Philippe avait soumises à sa domination, méprisant la jeunesse d'Alexandre, prirent les armes pour recouvrer la liberté. Un danger non moins imminent le menaçait du côté de la Grèce, qui venait de se confédérer pour échapper au joug de la Macédoine. Dans cette extrémité, Alexandre n'écoute que les conseils de son courage. Il court au plus fort du péril, et, menant son armée en toute hâte sur les bords du Danube, qu'il traverse en une seule nuit, il défait les Tribaliens, les Gètes, subjugue divers autres peuples barbares, et, malgré l'arrogante réponse de leurs ambassadeurs, il leur apprend à connaître un danger plus prochain que la chute du ciel et des astres. A la suite de cette expédition, Alexandre marche contre Thèbes, détruit cette ville de fond en comble, n'épargnant que la maison qu'habitaient les descendants de Pindare, et, par cette éclatante victoire, il raffermit pour toujours son autorité sur la Grèce. Ce n'était ici que le prélude des grandes actions qui devaient immortaliser le nom d'Alexandre. La noble ambition de sa vie était de renverser l'empire des Perses, et de venger ainsi la Grèce des ravages que ces peuples y avaient exercés sous les règnes de Darius, fils d'Hystaspe, et de Xerxès.

Nommé généralissime des armées grecques, il distribue à ses généraux les revenus de la Macédoine, ne réservant pour lui que l'espérance, et se met en marche vers l'Asie. En vingt jours, il arrive à l'Hellespont, passe ce détroit, et remporte au bord du Granique une première victoire sur les Perses. Il poursuit de là le cours de ses exploits, soumettant avec une rapidité incroyable la Lycie, l'Ionie, la Carie, la Pamphylie et la Cappadoce. Arrêté un moment sur les bords du Cydnus par une maladie, il se remet en marche et s'avance au-devant de Darius, qui vient à sa rencontre à la tête d'une armée formidable. Ces deux adversaires se trouvent en présence auprès de la ville d'Issus, dans les gorges de la Cilicie.

Alexandre y remporte une seconde victoire qui pouvait lui livrer l'empire des Perses; mais il semble que l'âme de ce héros dédaignât un triomphe qui ne lui paraissait pas assez chèrement acheté; et, comme pour donner le temps à son ennemi de lui opposer des obstacles plus dignes d'être vaincus par son grand courage, au lieu de marcher à sa poursuite, il se rabat sur les côtes de la mer et va mettre le siége devant Tyr. Cette ville jouissait alors d'une grande célébrité dans le monde. Alexandre y trouve des dangers qu'il avait en vain cherchés dans l'empire des Perses. Il avait à combattre contre une population belliqueuse et contre les eaux de la mer, qui environnaient de toutes parts l'enceinte de la ville.

Chaque jour de nouveaux obstacles paraissent devoir s'opposer au succès de son entreprise, et ce n'est qu'après huit mois d'un des siéges les plus mémorables dont l'histoire nous ait laissé le souvenir, que les murs de Tyr tombent devant le vainqueur de Darius. Il marche ensuite sur l'Égypte. Ce pays, qui, depuis deux siècles, était en la puissance des Perses, gémissait sous le poids d'une domination qui lui était odieuse. Alexandre le délivre du joug de ses ennemis. Mais ce n'est là que le moindre service qu'il rend aux peuples de l'Égypte, et il mérite bientôt par d'autres actions la reconnaissance éternelle de ses habitants.

Il entrevoit la possibilité de faire de l'Égypte le centre du commerce de toute la terre. Son génie lui montre dans l'avenir le haut degré de prospérité auquel peut parvenir ce pays ; il fonde, sur les bords de la Méditerranée, la ville d'Alexandrie, ville qui devient bientôt la capitale de l'Égypte, et qui, par l'étendue de son commerce, obtient un aussi grand nom, parmi les plus illustres cités, que celui que son fondateur s'est acquis parmi les plus grands hommes. Après la conquête de l'Égypte et la fondation d'Alexandrie, Alexandre reprend son projet de renverser la domination des Perses. Darius avait eu le temps de rassembler toutes les forces de son empire. Plein de confiance à l'aspect de tant de puissantes nations qu'il avait appelées à la défense de son trône, il attend son rival dans le centre de ses États et au milieu des plaines d'Arbelles, comme dans un lieu qu'il désigne d'avance pour être le tombeau des Macédoniens. Alexandre, redoublant d'ardeur à la vue des périls qu'il avait à surmonter, traverse avec rapidité toute l'Asie, et arrive en présence de l'armée formidable de Darius.

Le lendemain eut lieu la fameuse bataille d'Arbelles, qui mit à ses pieds l'empire des Perses. Il venait, par le gain de cette bataille, d'atteindre glorieusement le but qu'il s'était proposé en prenant les armes et en quittant la Macédoine. Il faut avouer qu'il se montra digne de son triomphe en donnant, en ennemi généreux, des larmes à la mort de Darius, dont la trahison termina la vie peu de jours après le désastre d'Arbelles. Après cette victoire, Alexandre fit son entrée triomphale dans Babylone. Il pouvait y jouir avec tranquillité du fruit de ses travaux ; mais le repos n'était pas fait pour sa grande âme, il fallait un aliment continuel à l'activité infatigable de son esprit. Il reprend bientôt les armes qu'il n'avait déposées qu'un moment après la défaite de Darius, et il appelle de nouveau sur lui les regards étonnés du monde. Il s'avance contre les Scythes.

Son intention n'est pas de subjuguer un pays qui n'offre à la vue qu'un immense désert : il veut seulement jeter plus d'éclat sur ses armes, en combattant une nation contre le courage de laquelle tous les efforts des autres conquérants sont venus se briser.

Victorieux des Scythes, il rentre dans la Perse et entreprend de marcher à la conquête des Indes. Ni la distance qui le sépare de cette contrée, ni les obstacles sans nombre qu'il doit rencontrer dans ce pays presque inconnu à la Grèce, et que l'on considérait alors comme placé aux dernières limites du monde, ne peuvent l'arrêter dans son entreprise. Il traverse la Perse et passe l'Hydaspe, en prononçant ses paroles qui dévoilent toute sa vie : « O Athéniens ! « à combien de dangers je m'expose pour mériter vos « louanges ! » Il s'avance ensuite contre Porus, roi d'une partie de l'Inde, et dont le courage indomptable était digne de lutter avec celui d'Alexandre. Le héros macédonien trouve une nouvelle gloire dans la défaite de ce roi, et il l'augmente encore en lui rendant ses États qu'il lui avait enlevés. Après ces exploits, Alexandre poursuit sa marche dans l'intérieur de l'Inde ; mais ses soldats, couverts de blessures et accablés de fatigues et d'années, ne sont plus en état de le suivre. Ils se révoltent contre leur souverain, et demandent à grands cris qu'on leur accorde un repos qu'ils croient bien légitimement acquis par tant de peines et de travaux. Alexandre, ne pouvant vaincre leur résistance à ses volontés, est obligé de les ramener à Babylone, où bientôt après il termine sa carrière: les uns disent par l'effet du poison, les autres de son intempérance de boisson. Le caractère d'Alexandre était alors tout à fait changé. Sa vie avait été comme divisée en deux parties : sublime, tant qu'il avait eu à disputer l'empire de l'Asie; vile et méprisable après. L'étonnante prospérité qui avait accompagné toutes ses entreprises l'avait aveuglé au point qu'il voulait se faire passer pour le fils de Jupiter Ammon.

Alexandre, si sobre et si tempérant au commencement de son expédition de Perse, qu'il n'avait pas voulu voir la femme de Darius, tombée prisonnière entre ses mains après la bataille d'Issus, se livre aux plus grandes débauches avec des courtisanes, et, excité par une d'elles, il met le feu au palais royal de Persépolis, une des merveilles de l'Asie. Ce héros, qui, en s'ouvrant l'immense carrière du monde qu'il parcourut, avait si généreusement distribué ses trésors à ses lieutenants, n'épargna pas même ses meilleurs généraux ni ses plus fidèles amis. L'excès de son orgueil était devenu tel, qu'il révolta contre lui tout ce qu'il y avait de cœurs nobles et généreux parmi les Macédoniens. De là, naquirent des conspirations dont Alexandre profita pour faire périr tous ceux qui avaient le malheur de lui déplaire. Un de ces derniers, le philosophe Callisthènes, coupable seulement d'avoir tourné en ridicule les vices de ce conquérant, fut traîné dans une cage de fer à la suite de l'armée, et parvient à se soustraire par le poison à cet odieux traitement. Toutefois, les grandes actions d'Alexandre ont couvert ses crimes dans la postérité, et l'ont fait considérer comme le modèle des princes et des guerriers. Il avait à peine trente-deux ans quand il quitta la vie. Cet empire immense qu'il avait fondé ne se soutint pas après lui. Aucun de ses lieutenants n'était en état de porter un si lourd fardeau, et d'ailleurs il en prépara en quelque sorte la chute par les germes de division qu'il jeta à son lit de mort. Interrogé par ses généraux à qui il laisserait sa succession à l'empire : « Au plus digne ! » répondit-il, paroles auxquelles il ajouta qu'il prévoyait que ses obsèques seraient célébrées par des batailles.

# ANNIBAL.

Annibal était fils d'Amilcar, un des plus grands généraux de Carthage, dont la gloire s'est élevée si haut dans l'antiquité qu'elle n'a pu être surpassée que par celle de son fils. Annibal fut élevé, dès son bas âge, dans le sentiment d'une haine profonde contre le nom romain, haine qui, du reste, faisait le caractère distinctif de tous les habitants de Carthage. Amilcar, son père, lui fit jurer, à l'âge de neuf ans, qu'aussitôt qu'il le pourrait, il se déclarerait l'ennemi de Rome. C'est en présence des dieux

protecteurs de Carthage, et aux pieds de leurs au-
tels, qu'il prononça ce serment redoutable qui devait coûter tant de sang aux Romains. Il fit ses premières armes en Espagne, dans l'armée d'Asdrubal.
l'un de ses parents, et, après sa mort, il passa au
commandement de ses troupes. Les soldats reçurent
avec acclamations cette nomination : ils croyaient
revoir dans Annibal le grand Amilcar, son père,
sous les ordres duquel ils avaient longtemps combattu. C'étaient les mêmes traits dans la physionomie, la même fierté dans les regards, la même audace dans les combats, les mêmes soins et la même
attention dans tout ce qui pouvait contribuer au bien-
être de ses soldats. Il les conduisit d'abord contre les
peuples de l'Espagne, qu'il acheva de soumettre à
la puissance de Carthage. C'est ainsi qu'à l'âge de
vingt-cinq ans, il préludait déjà à cette grande renommée qui devait s'attacher à son nom. On lui
avait vu montrer dans cette guerre tout ce qu'un
jour on pouvait attendre de son courage. Couché sur
la dure, partageant la nourriture de ses soldats, se
livrant comme eux à tous les travaux et à toutes les
fatigues qu'ils étaient obligés d'endurer, il s'attirait
l'admiration de son armée, en même temps qu'il
portait la terreur chez les nations barbares qu'il ran-
geait sous la domination de sa patrie. Le succès de
cette guerre, où il venait de goûter les premières
douceurs de la gloire, ouvrit son âme aux plus vastes
desseins, et lui fit juger que le moment était venu

où il pouvait mesurer ses forces avec celles de Rome. Mais il lui fallait un motif pour rompre la paix qui subsistait entre les deux nations. Il le trouva en allant mettre le siége devant Sagonte, ville d'Espagne, alliée de la République romaine, et dont il s'empara après un siége de sept mois. Ce qu'il avait prévu arriva. En apprenant la prise de Sagonte, les Romains envoyèrent une ambassade à Carthage, pour demander réparation de cet outrage et pour exiger qu'on leur livrât Annibal. Sur le refus du sénat de Carthage, Fabius, chef de l'ambassade romaine, forma un pli d'un pan de sa robe, et, s'adressant aux sénateurs carthaginois : « Je vous apporte, leur dit-il, la paix ou la guerre; choisissez. — Nous vous laissons le choix des deux partis, répondirent les sénateurs de Carthage — Eh bien ! donc, je vous donne la guerre, leur dit fièrement Fabius en laissant tomber le pan de sa robe. — Nous l'acceptons de bon cœur, et nous la ferons de même, » répliquèrent les sénateurs avec une égale fierté. A ces mots, l'ambassade romaine sortit du sénat de Carthage et reprit la route de Rome.

Annibal apprit avec des transports de joie la nouvelle de la déclaration de guerre entre la république romaine et sa patrie. Il se voyait au comble de ses vœux. Il allait enfin combattre ces éternels ennemis de Carthage, les Romains, qu'il avait appris à haïr presqu'en même temps qu'il avait reçu le jour. Le sénat de Carthage l'ayant chargé de tous les soins

de cette guerre, il conçut un projet dont l'exécution
est sans exemple jusqu'à lui, et qui est demeuré
l'admiration de la postérité. Il résolut de venir, du
fond de l'Espagne où il se trouvait alors, attaquer
les Romains dans le centre même de l'Italie. Les
obstacles les plus insurmontables paraissaient s'opposer à cette entreprise. Il lui fallait traverser des pays
inconnus, gravir des montagnes inaccessibles et
qu'aucune armée avant la sienne n'avait osé franchir ; plus que tout cela, il fallait combattre la terreur du nom romain, qui devait intimider des soldats qui allaient combattre ce peuple aux lieux même
où sa puissance était le mieux affermie. D'ailleurs,
dans une route aussi longue que celle qu'il avait à
parcourir, comment transporter la quantité des vivres
nécessaires pour assurer la subsistance de son armée ?
Comment, étant si éloigné de sa patrie, pouvoir réparer les pertes qu'il éprouverait ? En cas de défaite,
quel espoir de salut pouvait lui rester ? Plus les dangers qu'il envisage sont grands, et plus le général
carthaginois est avide de la gloire qu'il va acquérir
en les affrontant tous. Il attend la saison du prin-
temps, et, rassemblant alors son armée, il prend le
chemin de l'Italie. Il traverse l'Espagne et les Pyré-
nées, détruisant les populations qui veulent s'opposer à sa marche. Arrivé dans la Gaule, il rencontre
sur les bords du Rhône une armée composée des
peuples de ces contrées, accourus pour lui disputer
le passage de ce fleuve. Il disperse cette armée dans

une bataille, et continue sa marche vers les Alpes.
Il arrive enfin au pied de ces montagnes. Leurs ci-
mes élevées et couvertes de neige ne peuvent étonner le courage des Carthaginois. Ils pénètrent, à la
suite de leur général, dans ces lieux agrestes et
sauvages où bientôt ils se voient en proie à mille
périls. Ce sont tantôt d'affreux précipices qui se trouvent devant leurs pas, d'autres fois d'énormes ava-
lanches qui roulent avec un horrible fracas dans la
profondeur des vallons et entraînent les hommes et
les chevaux dans leur chute. A tous ces dangers qu'ils
ont à courir, les habitants de ces contrées viennent
en ajouter de nouveaux. Ces hommes grossiers, mais
tranquilles, et qui ne portaient pas leurs regards
plus loin que leurs montagnes, ignoraient jusqu'au
nom de Rome et de Carthage, dont la rivalité se
disputait l'empire du monde. Étonnés du passage
d'un si grand nombre d'hommes armés, et croyant
qu'ils en veulent à la possession de leurs rustiques
chaumières, ils s'emparent de toutes les hauteurs
des Alpes, et font pleuvoir sur les Carthaginois une
grêle de pierres et de javelots. Mais rien ne peut
ébranler la constance de ces intrépides guerriers ni
du brave général qui les conduit. Ils repoussent les
attaques de ces hommes sauvages et continuent leur
marche dans les Alpes. Arrivés à peu près au milieu
de leur course, ils rencontrent un énorme rocher
qui leur ferme tout à fait le chemin. Il n'y avait
aucun sentier dans les environs qui pût permettre

d'éviter cet obstacle, et il ne restait aucun moyen de
pénétrer plus avant. Alors, s'il faut en croire Tite-
Live, Annibal fit couper par les soldats tout le bois
qu'on put trouver dans cette partie de la montagne
et fit entourer le rocher. On mit le feu à cet immense bûcher, et lorsque le rocher fut amolli par la
flamme, Annibal fit répandre dessus une grande
quantité de vinaigre, qui, s'insinuant dans les vei-
nes du roc, en calcina la pierre et la réduisit en
cendres. Les Carthaginois poursuivirent leur route
sur ce nouveau chemin que venait de leur ouvrir le
génie de leur général, et, après avoir surmonté encore une infinité d'autres périls, ils sortirent enfin
de ces horribles défilés et entrèrent en Italie.

Une armée romaine les attendait à leur descente
des Alpes. Elle était sous le commandement de
Publius Scipion, qui se flattait de vaincre faci-
lement des soldats encore harassés des fatigues
qu'ils venaient d'essuyer. Annibal, s'avance pour
combattre cette armée. Tout près de livrer sa
première bataille contre les Romains, il veut em-
braser d'un nouveau feu l'ardeur de ses soldats;
il veut leur montrer que, venus de si loin pour
conquérir l'Italie, il ne leur est plus possible de regarder derrière eux, et qu'ils n'ont désormais d'autres ressources à attendre ni d'autre refuge à espérer
que les succès qu'ils peuvent obtenir. « Compagnons, leur dit-il, le Ciel m'annonce la victoire;
c'est aux Romains, non à vous, de trembler. Jetez

les yeux sur ce champ de bataille : nulle retraite ici
pour les lâches ; si nous sommes battus, nous pé-
rissons tous. Quel gage plus certain du triomphe ?
Quel signe plus sensible de la protection des dieux ?
Ils nous ont placés entre la victoire ou la mort. »
Ces paroles portent à son plus haut point l'enthousiasme des Carthaginois ; ils s'élancent contre les
Romains, et les mettent dans une déroute complète.
Victorieux dans ce premier combat, Annibal continue sa marche dans l'Italie. Arrivé sur les bords de
la Trébie, il rencontre une autre armée romaine.
qui vient s'opposer à ses succès. Elle a le même sort
que celle commandée par Scipion, et tombe, comme
elle, sous le fer des Carthaginois. Cependant une révolution générale s'opérait en Italie. Les peuples,
lassés de la domination tyrannique de Rome, vo-
laient au-devant du libérateur qui leur était envoyé.
Renforcé par les secours de ces nouveaux alliés, Annibal se présente pour pénétrer dans la Toscane.
Une tempête effroyable le repousse une première
fois des Apennins. Il s'engage de nouveau dans ces
montagnes, et, après les avoir franchies, il paraît
en triomphateur dans les campagnes de l'Étrurie.
Les Romains, avertis du danger qui les menaçait
par les défaites du Tésin et de la Trébie, faisaient
alors les plus grands efforts pour délivrer l'Italie du
terrible ennemi qui était venu l'envahir. Ils rassem-
blent une armée formidable, la mettent sous le commandement du consul Flaminius, et la font passer

dans l'Étrurie. Annibal marche au-devant de cette armée. Il la rencontre sur les bords du lac Trasymène, et l'attaque avec son audace accoutumée. Mais il trouve ici une résistance beaucoup plus opiniâtre que toutes celles qu'on lui avait opposées jusqu'alors. La mêlée fut même si terrible, que les deux armées, occupées du soin de se détruire, ne s'aperçurent point d'un tremblement de terre qui se fit ressentir au moment même de la bataille, et qui renversa des villes entières dans plusieurs parties de l'Italie. Enfin accablés sous les efforts de leurs ennemis, les Romains abandonnèrent la victoire aux Carthaginois, en laissant quinze mille de leurs soldats étendus morts sur la place. La nouvelle de cette défaite répandit la consternation dans Rome. On recourut de suite aux mesures accoutumées dans les grandes calamités de l'État. Fabius Maximus fut créé dictateur et fut chargé de pourvoir au salut de la République. Ce général, habile et expérimenté, arrêta les progrès d'Annibal, en opposant à la fougue impétueuse du héros carthaginois, un courage prudent et tranquille, qui ne laissait aucune prise à la fortune, et faisait tout dépendre de la sagesse des dispositions. Annibal, étonné du nouveau genre de guerre que lui faisaient les Romains, se consumait en vains efforts pour rappeler la victoire qui échappait de ses mains. Cependant Rome n'était point arrivée au terme de ses maux ; des revers bien plus grands, et auprès desquels devaient s'effacer les journées déjà si désastreuses de la Trébie et de Trasymène, leur étaient réservés. A l'expiration de la dictature de Fabius Maximus, Terentius Varron et Paul Émile furent nommés consuls. La guerre changea de face avec ces nouveaux généraux, et la fortune d'Annibal reprit toute sa supériorité sur celle de Rome.

Ce grand capitaine se trouvait alors dans l'Apulie, province dépendant du pays des Samnites. Les consuls romains vinrent l'y chercher à la tête de quatre-vingt mille hommes d'infanterie et de six mille cavaliers, troupes les plus nombreuses que la République eût jamais levées dans aucun de ses dangers. Les armées romaine et carthaginoise se rencontrèrent dans les plaines de Cannes. Ce nom rappelle le souvenir de la bataille la plus mémorable peut-être qui se soit livrée dans l'antiquité. Le consul Paul Émile y fut tué, et le carnage qui se fit des soldats romains fut si effroyable, qu'Annibal, épouvanté lui-même du nombre des morts qu'il voyait étendus sur le champ de bataille, parcourait les rangs des Carthaginois en leur criant d'épargner les vaincus. C'en était fait de Rome si, après cette bataille, Annibal eût pris le parti de mener son armée contre cette ville. Elle venait de perdre toutes ses légions, l'élite de ses principaux citoyens, et elle ne renfermait plus dans son sein qu'une population consternée, hors d'état de résister aux attaques d'un ennemi victorieux.

Maharbal, l'un des généraux carthaginois, presse vivement Annibal de prendre ce parti. Sur son refus,

« Vous savez vaincre, Annibal, lui dit-il, mais vous ne savez pas profiter de la victoire. » Cependant plusieurs historiens l'ont justifié de n'avoir pas marché sur Rome après la bataille de Cannes, et quoiqu'il en soit, cette journée fut le terme de la fortune d'Annibal. Jamais général n'avait eu jusque-là une destinée plus brillante ; jamais réputation plus colossale ne s'était attachée au nom d'un guerrier. Cette grande gloire sembla s'affaisser sous les trophées de Cannes, comme s'il eût été au-dessus d'une force humaine de pouvoir supporter un aussi beau triomphe. Toutefois, la fortune, en abandonnant Annibal, ne put lui enlever les talents prodigieux qu'il avait déployés dans cette guerre. Il resta en Italie dix ans après la bataille de Cannes, et s'y montra toujours un terrible adversaire des Romains. Plus d'une fois encore, il défit des armées consulaires ; plus d'une fois, il réveilla, au sein même de Rome, des inquiétudes sérieuses sur sa position. Toujours prêt à rallumer l'incendie qu'il avait apporté en Italie, il ne tint peut-être qu'à sa patrie, qui lui refusa des secours, de le voir soumettre à ses lois son orgueilleuse rivale. Retiré sur la fin de son expédition dans un coin du Brutium, il était comme le lion dont on craint de troubler le repos. Enfin, il quitta l'Italie, après l'avoir tenue pendant seize ans dans la consternation et la terreur.

Mais, en se retirant, il ne céda point à la force des armes romaines. Il partit sur un ordre du sénat de Carthage, qui l'appelait à la défense de cette ville menacée par Scipion, qui venait d'opérer un débarquement en Afrique. Annibal s'embarqua, avec toutes les troupes d'élite qui lui restaient, pour se rendre à l'appel que lui faisait sa patrie. Près de perdre de vue l'Italie, qu'il avait illustrée par tant de prodiges, il s'écria dans le sentiment d'une profonde amertume : « Italie ! Italie ! ne te reverrai-je donc plus ! » Arrivé en Afrique, il prit le commandement de l'armée destinée à combattre Scipion. Ces deux généraux essayèrent de mettre un terme à leurs longues divisions. Leur entrevue ayant été inutile, il fallut remettre au sort des armes cette grande querelle. La bataille de Zama la décida. Annibal y fut vaincu. Ses dispositions, cependant, avaient été celles d'un grand capitaine, mais Carthage ne pouvait plus résister à l'ascendant de Rome.

Après cette bataille, Annibal poursuivi par les plus noirs pressentiments sur le sort futur de sa patrie, l'engagea à conclure la paix avec les Romains. Mais il ne jouit pas longtemps du repos qu'il venait de lui procurer. Rome ne pouvait oublier les seize années de terreur que lui avait fait éprouver le séjour d'Annibal en Italie. Il lui semblait toujours voir ce grand homme, comme au temps des calamités de Trasymène et de Cannes, s'apprêter à venir briser ses murailles. Elle résolut de se délivrer de ces craintes, qui troublaient sans cesse sa tranquillité, et, sur les prétextes les plus frivoles, elle envoya une ambassade à Carthage.

pour demander qu'on remît Annibal entre ses mains. Celui-ci, à l'arrivée de cette ambassade, prévoyant le motif qui l'amenait à Carthage, prit le parti de s'exiler volontairement de sa patrie, pour lui éviter la tache qu'on voulait lui imprimer. Il se retira à la cour d'Antiochus, roi de Syrie ; Il apporta auprès de ce prince cette haine éternelle qu'il avait vouée aux Romains. Antiochus ayant, par ses conseils, déclaré la guerre à ce peuple, Annibal reprit tous ses anciens projets contre Rome. Arrivé au déclin de l'âge, il vit revivre dans son cœur cet espoir, qui avait flatté sa jeunesse, de détruire cette ennemie acharnée de sa patrie : déjà il se voyait au sein de l'Italie, à la tête d'une nouvelle armée ; déjà, dévorant l'ennemi de l'avidité de sa haine, il frappait les Romains de coups beaucoup plus terribles que tous ceux qu'il leur avait portés. Mais le roi de Syrie, qui d'abord s'était dirigé d'après les avis d'Annibal, n'ayant plus voulu les suivre, la guerre tourna à son désavantage et il se vit dans la nécessité de se mettre à la discrétion de ses ennemis. Les Romains lui accordèrent la paix : mais, pour première condition, ils exigèrent qu'on leur livrât Annibal. Ce grand capitaine, réduit une seconde fois à prendre la fuite, quitta la Syrie et se retira dans l'île de Crète, où il médita trois mois sur le parti qu'il lui convenait de prendre. Il se décida enfin à chercher un refuge chez Prussias, roi de Bythinie, et se rendit auprès de ce prince, auquel il paya bientôt son hospitalité, en le faisant

triompher dans une guerre contre le roi de Pergame ;
mais la haine des Romains, qui ne se lassait pas de le
poursuivre, vint encore le chercher dans cet asile.
Ils envoyèrent une ambassade à Prussias, pour lui
demander de livrer Annibal.

Ce prince, trop faible pour oser déplaire aux
Romains, donna ordre qu'on se saisît de ce grand
homme. Annibal, prévenu trop tard de cette perfidie, tenta vainement de se sauver ; se voyant cerné
de tous côtés, il préféra se donner une mort volon-
taire que de tomber au pouvoir des Romains. Il prit
du poison renfermé dans le chaton de sa bague et
le tenant entre les mains : « Délivrons, dit-il, les
Romains de la terreur que je leur inspire. Les lâches,
combien sont-ils dégénérés de la vertu de leurs ancêtres ! Ils avertirent autrefois Pyrrhus de se méfier
d'un traître qui s'était introduit dans son camp avec
le dessein de l'empoisonner, et maintenant ils ne
savent point attendre la mort d'un vieillard qui ne
saurait plus faire aucun mal ! » Ayant ensuite appelé
la colère des dieux sur les Romains et sur Prussias,
il avala le poison et termina ses jours à l'âge de
soixante-dix ans.

# MASSÉNA.

—

Masséna est né à Nice, en 1758. Ses inclinations le portant de bonne heure vers la carrière militaire, il entra dans le régiment de Royal-Italien, à la solde de la France, où il servait encore comme sous-officier au moment de la Révolution. Masséna vit alors s'ouvrir devant lui la plus vaste carrière, et son génie lui promit qu'il la parcourrait jusqu'au bout. Il fut envoyé à l'armée d'Italie. Cette armée, dans les premières années qui suivirent l'ouverture des hostilités, fut successivement commandée par les généraux Demerbion, Kellermann et Schérer. Elle faisait à cette époque une guerre de positions et de montagnes, et les avantages qu'elle obtenait, comme les revers qui venaient parfois la frapper, n'avaient rien qui méritât de fixer l'attention. L'événement le plus remarquable de ces temps-là fut la bataille de Loano, gagnée par le dernier des généraux que nous venons de nommer, et dont le succès fut principalement dû à Masséna, auquel Schérer avait demandé le plan de cette bataille. Dans l'intervalle qui s'était écoulé, Masséna n'avait cessé de donner des preuves d'une grande capacité militaire et était parvenu au grade de général de division.

Dans le mois de germinal de l'an IV, l'armée d'Italie passa sous les ordres de l'homme extraordinaire que la fortune avait destiné à parcourir le cercle de toutes les grandeurs. La guerre faite jusqu'alors par cette armée, changea tout à coup de nature, et eut le caractère ardent et impétueux du nouveau général qui en prenait le commandement. Le nom de Masséna parut avec honneur dans cette longue suite de combats et de victoires éclatantes qui immortalisèrent le début de Bonaparte dans la carrière des armes. Montenotte, Dégo, Vico, Mandovi, le virent cueillir la plus belle portion des palmes qui furent conquises dans ces glorieuses journées. Au passage du pont de Lodi, il fut un des généraux qui, s'élançant à la tête des colonnes, entraînèrent nos soldats de l'autre côté de la rivière,

malgré le feu terrible de l'artillerie ennemie, qui
balayait toutes les avenues du pont. Ses talents militaires brillèrent surtout du plus vif éclat à la bataille
de Rivoli, qui donna définitivement aux Français la
possession de l'Italie. Témoin dans toutes ces actions
de l'intrépidité de Masséna et du bonheur constant
qui couronnait ses entreprises, Bonaparte le sur-
nomma *l'enfant chéri de la victoire*.

Après le traité de Campo-Formio, conclu avec
l'Autriche, Masséna fut nommé au commandement
de l'armée que le général Berthier avait conduite à
la conquête de Rome. En parlant de cette époque de
la vie de Masséna, nous imiterons la réserve de ce
peintre qui représente la muse de l'histoire, déchi-
rant quelques pages de la vie du grand Condé, parce
qu'elles déparaient le reste des actions glorieuses de
ce prince. Guidé par le sentiment d'une semblable
convenance, nous passerons ici sous silence les événements que le séjour de Masséna fit naître dans la
ville de Rome, et nous nous hâterons de conduire
ce général sur un théâtre plus digne de sa renommée.

La guerre s'étant rallumée avec l'Autriche par la
rupture des conférences de Rastadt, Masséna fut
chargé de la défense des frontières de l'Est de la
France, que les ennemis menaçaient d'une terrible
invasion. Jamais danger, en effet, n'avait été plus
patent pour notre patrie. Aux brillantes campagnes
des années précédentes avaient succédé les revers les
plus funestes. Une armée russe de 80,000 hommes,

conduite par le fameux Suwarow, venant au secours
de l'Autriche, était entrée en Italie. Les fautes com-
mises par Schérer qui commandait l'armée française
dans ce pays, y avaient préparé la chute de la domination de la République. C'est en vain que le génie
de Moreau, assisté de l'intrépidité du petit nombre de
braves qui marchaient à sa suite, essaya d'y soutenir
nos affaires; il fallut céder à l'ascendant que les
ennemis avaient pris alors sur la France. Les défaites
de la Trebbia et de Novi leur livrèrent entièrement
l'Italie et leur permirent de réunir toutes leurs forces
dans la Suisse, d'où ils voyaient la facilité de pénétrer plus tôt par là dans le cœur de la France. Mais
nous venons de dire que les destins de la patrie
étaient confiés dans ce pays à Masséna. Il avait en
tête l'armée autrichienne de l'archiduc Charles et
40,000 Russes aux ordres du général Korsakoff. Ces
derniers attendaient pour agir l'arrivée de Suwarow,
qui marchait à grandes journées pour prendre le
commandement en chef de l'armée destinée à envahir la France. Masséna se détermine à commencer
ses opérations avant la concentration de toutes les
forces ennemies. Il marche à Zurich où était campée
l'armée de Korsakoff et la détruit entièrement en
deux jours de combat; il oblige ensuite les Autrichiens à se retirer en Allemagne. Il s'avance de là
à la rencontre de Suwarow pour faire tomber sur ce
général tout le poids de ses armes victorieuses.
Celui-ci, qui vient d'apprendre la défaite du corps

de Korsakoff et la retraite des Autrichiens, ne veut point commettre dans de nouveaux hasards une armée qui avait déjà beaucoup souffert dans les marches pénibles qu'elle avait faites, en traversant d'affreuses montagnes. Pour la première fois, depuis son arrivée sur le théâtre de la guerre, le vieux guerrier russe donne l'ordre de la retraite aux compagnons de ses exploits, et, le cœur ulcéré de rage d'être obligé à reculer devant des soldats français, il ramène ses troupes en Russie, en attribuant à la lâcheté des Autrichiens l'échec que sa réputation venait de subir.

La victoire de Zurich avait sauvé la France de l'invasion des Russes; mais tout n'était pas fini pour elle : une armée autrichienne restait encore en Italie; elle menaçait ses frontières méridionales. Cette armée, commandée par Mélas, était celle qui, dans la campagne précédente, s'était couverte d'une gloire brillante en coopérant avec Suwarow à la conquête de l'Italie. Masséna fut chargé de lutter contre ce nouveau danger. L'armée qu'on plaçait sous ses ordres, réduite à peine à 25,000 hommes, n'était point en état de tenir la campagne devant les forces supérieures qui lui étaient opposées; mais loin de se laisser abattre par la faiblesse de ses moyens, Masséna en appelle à son courage qui lui fournit des ressources suffisantes pour résister à l'ennemi. Après avoir considéré sa position, il prend le parti de s'enfermer dans la ville de Gênes, il sait

que cette conquête importe beaucoup à Mélas, qui
est impatient de pouvoir mander à sa cour que la
puissance autrichienne n'a plus de rivale en Italie.
Il coupe ainsi en deux portions l'armée de ce général, et met le corps que celui-ci a détaché sur le
Var dans l'impossibilité de tenter, avec quelque
apparence de succès, une invasion dans nos départe-
ments méridionaux. On sait assez quel fut le siège
de Gênes et les faits mémorables qui ont marqué sa
place dans les annales de l'histoire. Masséna y vit
accroître sa renommée par une défense qui lui eût
fait elle seule une réputation immortelle, quand
bien même il n'aurait point eu d'autres titres à présenter à l'admiration de la postérité. C'était moins
un siége qu'il soutenait que des batailles rangées
qu'il livrait chaque jour aux nombreux assaillants
dont il était environné. Enfin, après avoir épuisé
pendant près de deux mois tout ce que la valeur a
de plus héroïque, Masséna dut songer à se rendre.
Mais, en prenant ce parti, il voulut honorer jusqu'au
dernier moment la gloire des armes de sa nation, et
il ne traita avec l'ennemi de la reddition de Gênes,
qu'après être expressément convenu que le mot de
*capitulation* ne serait pas prononcé dans la convention qui réglerait les articles de l'évacuation de
la ville.

A l'époque où ces événements se passaient, un
nouveau gouvernement venait de se former au sein
de la France, qui devait lui apporter les plus brillantes

destinées. Bonaparte, revenu d'Egypte, avait renversé le Directoire exécutif et était monté au pouvoir sous le titre de premier Consul. Pressé de réparer les malheurs de la patrie, il se rend aussitôt en Italie à la tête d'une nombreuse armée, et gagne sur les Autrichiens la bataille de Marengo. Cette victoire nous assure la possession de l'Italie, au moyen d'un traité qui accorde au général ennemi l'autorisation de rentrer en Allemagne avec ses troupes. Bonaparte retourne ensuite à Paris, où l'année suivante il conclut avec l'Autriche le traité de Lunéville. Abandonnée de son dernier allié, l'Angleterre imite bientôt l'exemple que celui-ci lui avait donné, et signe la paix à Amiens avec le premier Consul. Le premier soin de Napoléon en 1804 fut de récompenser tous ceux qui avaient bien mérité de la patrie dans la guerre de la Révolution. Masséna ne pouvait être oublié dans ces glorieuses promotions. Il fut créé maréchal d'Empire et reçut le titre de duc de Rivoli, du nom de cette grande journée où il avait combattu en Italie, dans les premières campagnes de Bonaparte.

Bientôt les feux de la guerre se rallumèrent en Europe. Attaqué par les empereurs d'Autriche et de Russie, Napoléon invite ses phalanges à se couvrir de nouveaux lauriers dans les champs d'Austerlitz. Masséna ne le suit point dans cette expédition. Il reçoit la mission importante d'aller combattre en Italie une armée autrichienne, descendue dans ce pays, sous la conduite de l'archiduc Charles. Cette campagne ajoute un nouveau lustre à la réputation de Masséna. Il passe l'Adige malgré la résistance opiniâtre que lui oppose l'illustre adversaire qu'il avait en tête. Poussant devant lui l'armée autrichienne, il s'empare de Vérone, de Bassano et de Vicence; il bat l'ennemi aux combats de San Michele et de Caldiero, où cinq mille Autrichiens mettent bas les armes. Ayant ensuite forcé les passages de la Brenta, de la Piave et du Tagliamento, il entre dans la Carniole, d'où il se préparait à pénétrer plus avant dans les états héréditaires de l'Autriche, lorsque la nouvelle de la paix de Presbourg vient mettre fin à ses succès.

Cette paix n'arrête que pour quelques moments les travaux militaires de Masséna. La confiance de l'empereur lui préparait d'autres occasions de triomphe. Pendant la guerre qui vient de finir, le roi de Naples avait donné de justes sujets de mécontentement à Napoléon. Il avait reçu dans ses ports des troupes russes et anglaises, que lui-même avait appelées dans ses États, avec le projet d'opérer une diversion sur les derrières de l'armée d'Italie. Déjà dans d'autres circonstances, la cour de Naples avait fait preuve des mauvaises dispositions qui l'animaient contre la France. Napoléon déclara dans une proclamation publiée au château de Schœbrunn, près de Vienne, que la dynastie de Naples avait cessé de régner. Son frère, Joseph Bonaparte, fut en même temps désigné pour gouverner ce pays, que Masséna fut chargé de conquérir. Masséna part pour cette expédition à la tête d'une armée de cinquante mille hommes. Arrivé sur les frontières de Naples, il partage ses troupes en trois corps, le premier sous les ordres du général Gouvion-Saint-Cyr, doit établir l'autorité du nouveau monarque sur les bords de l'Adriatique; le second, commandé par le général Regnier, est destiné à soumettre les Calabres; et le troisième dont il se réserve la conduite, doit envahir la capitale du pays. Ces trois opérations, qui ont lieu simultanément, obtiennent le succès le plus complet; mais tandis que Masséna, maître de la ville de Naples, traite de la reddition de Gaëte, dont une résistance de quatre mois a honoré le courage de son gouverneur, le prince de Hesse-Philipstadt, une insurrection générale, fomentée par le débarquement d'une armée anglaise, va compromettre l'honneur de nos armes. Masséna se transporte aussitôt sur le point principalement menacé, et réunissant à lui les troupes du général Regnier qui reculent devant l'insurrection, il marche au-devant de l'armée anglaise. Le général Stuart qui la commande, n'ose point attendre nos troupes et se rembarque précipitamment pour la Sicile. Cette retraite assure à Joseph la possession paisible de la couronne de Naples. Une guerre de brigandage reste seulement à étouffer dans les Calabres. Masséna en laisse la direction au général Regnier, qui la termine dans les premiers mois de 1807 , par la soumission des révoltés et le supplice de leurs chefs.

A l'époque où finissait cette guerre, Masséna avait déjà quitté le royaume de Naples. D'autres événements l'avaient conduit sur d'autres champs de bataille. La Prusse qui avait attiré sur elle le ressentiment de Napoléon , avait vu sa puissance renversée en quelques heures à la bataille d'Iéna. A la suite de cette journée, Napoléon était entré dans la Pologne pour combattre les Russes qui accouraient au secours des Prussiens. Il appelle près de lui le maréchal Masséna et lui donne le commandement du 5ᵉ corps de son armée. Cette guerre qui se termine par le traité de Tilsitt, fournit peu d'occasions à Masséna de se faire remarquer. La campagne de 1809 contre l'Autriche va faire reparaître sa gloire dans son éclat le plus brillant.

L'Autriche attend avec impatience le moment où elle pourra venger l'humiliation de ses défaites. Poussée à la guerre par les instigations de l'Angleterre, elle lève des armées innombrables , avec lesquelles elle se flatte de marcher à la conquête de la France. L'archiduc Charles a le commandement de toutes ces forces. Au premier bruit des préparatifs de l'ennemi, Napoléon quitte l'Espagne, où il était allé prendre lui-même la direction de ses armées. Arrivé à Paris, il veut arrêter par des négociations l'agression à laquelle se prépare l'Autriche ; mais ayant appris dans l'intervalle l'invasion de la Bavière par l'armée de l'Archiduc, il part en toute hâte de Paris pour se rendre en Allemagne, accompagné de ses illustres maréchaux, autrefois ses compagnons d'armes et maintenant les plus fermes appuis de son pouvoir. L'ennemi est d'abord rencontré à Jann, à Abensberg et à Ekmülh, lieux devenus célèbres par les victoires éclatantes qu'y remportèrent nos troupes. L'archiduc Charles, ne pouvant tenir devant son terrible adversaire, se retire derrière le Danube, croyant y trouver une meilleure position. Napoléon marche en toute hâte à sa poursuite. Il s'empare de la capitale de l'Autriche et fait ensuite jeter des ponts sur le Danube, afin de pouvoir joindre les Autrichiens. Les Français avaient déjà effectué à moitié le passage de ce fleuve, lorsque leur armée est coupée en deux par la rupture des ponts, qu'une crue subite des eaux du Danube vient d'emporter. A la nouvelle de cet événement, l'archiduc Charles s'imagine que la fortune a déserté le camp français pour passer dans le sien. A l'instant, il marche avec toutes ses forces sur la partie de l'armée qui se trouve sur la rive gauche du Danube, et croyant en avoir bon marché, il lance contre elle ses colonnes avec la plus terrible impétuosité. Mais cette entreprise n'était pas facile. Nos soldats avaient Masséna au milieu d'eux. Cet intrépide guerrier dirige leur résistance pendant toute cette affaire et lasse si bien les efforts des ennemis, que, malgré l'énorme supériorité de leur nombre, il

les oblige à cesser le combat, pour se mettre eux-
mêmes sur la défensive. Cette journée, dans laquelle
Masséna sauva l'armée française, lui mérita de la part
de l'empereur le titre de prince d'Essling, du nom
du village où s'était livrée la bataille.

Après cette affaire si meurtrière, les deux armées
restent pendant un mois en présence sur les bords
opposés du Danube, les Français employant ce temps
à réparer les ponts qu'ils avaient jetés sur ce fleuve,
et les Autrichiens s'occupant de leur côté à augmenter le nombre de leurs troupes et à renforcer leurs
positions. Napoléon veut en finir par une bataille
générale. Trompant la vigilance de l'archiduc
Charles, il passe le Danube au-dessous du camp où
celui-ci attendait nos troupes et marche contre l'ennemi. Masséna commande la gauche de la grande
armée dans l'affaire mémorable qui reçoit le nom de
bataille de Wagram. Cette bataille, où l'ennemi est
mis dans une déroute complète, termine la guerre
continentale, à l'exception de la guerre d'Espagne.

Napoléon se décide à tourner tous ses efforts de ce
côté. Les Espagnols nous opposaient la résistance la
plus terrible et la plus opiniâtre. Cependant leurs
colonnes mal dirigées et qui n'avaient guère que la
haine du nom français pour levier de leur courage,
auraient succombé sous le poids de la France,
sans l'appui que leur prêtait l'Angleterre. Cette puissance avait une armée dans la Péninsule, qui, du
Portugal où elle était établie, venait troubler fré-

quemment les opérations des généraux français en
Espagne. Il convenait donc, pour soumettre ce pays,
de chasser avant tout les Anglais du Portugal. Napoléon confie à Masséna le soin de cette entreprise.
Cinquante mille hommes sont placés sous ses ordres.
Il commence par assiéger les villes de Ciudad-Rodrigo
et d'Alméida, et une fois maître de ces deux clefs du
Portugal, il s'avance pour combattre l'ennemi. Lord
Wellington lui est opposé. Ce général, fidèle au
plan qu'il s'est tracé toute sa vie, est campé à
Busaco, sur la route de Lisbonne, dans un lieu
où il a trouvé une position qui lui permet de lutter avec avantage contre son adversaire. Masséna,
dont l'âme intrépide ne redoute aucun obstacle,
veut emporter de front la position des Anglais. Mais
averti par le grand nombre de braves qu'il voit tomber autour de lui, que la prudence peut quelquefois
s'allier au courage, il change son plan d'attaque, et
faisant tourner les hauteurs de Busaco, il en débusque
l'ennemi. Wellington se met alors en retraite. Ce
qui l'occupe principalement depuis l'ouverture de la
campagne, c'est de couvrir la ville de Lisbonne contre l'agression de nos troupes. Des retranchements
ont été élevés dans ce but autour de cette ville. Wellington vient s'y renfermer avec son armée, et ajoute
aux travaux qui existent déjà tous ceux que l'art
peut lui suggérer pour rendre sa position plus invul-
nérable. Malgré ces apprêts qui annoncent une formidable résistance, Masséna en arrivant devant ces

retranchements , ne désespère pas de la victoire.
Avec une armée beaucoup moins nombreuse que
celle de son ennemi, il occupe une ligne plus étendue que la sienne, dans l'espoir de l'attirer au combat, en lui enlevant toutes les ressources que présente la campagne. Mais cette entreprise , qui
rappelle celle de César, assiégeant le camp de Pompée
dans les plaines de l'Épire, n'a point le succès qu'en
attendait Masséna. Maîtres de la mer par leurs flottes,
les Anglais ont des subsistances en assez grande
abondance pour alimenter leur armée et toute la
population de Lisbonne. Rien ne peut donc les
obliger à sortir de leurs retranchements. Les Français
se trouvent au contraire dans la position la plus pénible. Une insurrection générale de tout le Portugal les tient cernés dans leur camp. Déjà, dans
notre marche sur Lisbonne, les habitants ont donné
des preuves de l'excès de la haine qui les anime
contre nous, en massacrant des ambulances que le
défaut de transports nous a obligés de laisser sur la
route. Chaque jour leurs entreprises deviennent
plus hardies. Ils interceptent les convois dirigés
sur l'armée et harcèlent les détachements qu'on
envoie dans la campagne pour faire des vivres. Ces
vivres, surtout, sont bien difficiles à se procurer
dans un pays que le patriotisme exalté que nous
venons de dépeindre a livré à la plus horrible dévastation. Dans cette fâcheuse extrémité, les souvenirs de
Gênes se présentent à Masséna pour soutenir son

courage et lui montrer un plus glorieux avenir. Il ne peut d'ailleurs se faire à l'idée si accablante de reculer devant des Anglais. Espérant toujours les voir descendre dans la plaine, il reste six semaines sous leurs retranchements de Lisbonne, et environ quatre mois dans une position un peu plus éloignée, à Sautarem, où il va s'établir pour la facilité des subsistances. Au bout de ce temps, l'immobilité de l'ennemi continuant toujours et la maladie faisant dans les rangs de l'armée de nombreux ravages, Masséna se décide à quitter le Portugal. La retraite de l'armée se fait dans le meilleur ordre et sans aucune perte. Les Anglais qui s'étaient mis à sa poursuite, ne cherchent à interrompre sa marche, que par quelques affaires d'arrière-garde, dans lesquelles ils sont vigoureusement repoussés. Arrivé sur les frontières de l'Espagne, Masséna remet au duc de Raguse le commandement de l'armée et se rend à Paris.

On assure que dans cette campagne du Portugal, Masséna ne fut pas parfaitement secondé par tous les généraux sous ses ordres.

La campagne du Portugal termine la carrière militaire de Masséna. Après une vie ainsi passée au milieu de vingt ans de guerre et de combats, le prince de Wagram avait besoin de repos. A la première Restauration des Bourbons, Louis XVIII le nomme pair de France et gouverneur de la huitième division militaire. Il était dans son gouvernement, en 1815, lorsque l'Empereur, venu de l'île d'Elbe, opéra son débarquement au golfe de Juan. La conduite de Masséna fut ce qu'elle devait être dans cette circonstance. Il maintint la tranquillité dans un pays que l'exaltation des esprits voulait pousser à la guerre civile, et fit arborer le drapeau impérial dans les lieux de son commandement. Il se trouvait à Paris, lors de la seconde abdication de l'Empereur. Le gouvernement provisoire plaça entre ses mains la sûreté de la capitale, en lui confiant le commandement de la garde nationale. A la seconde Restauration, Masséna se retira des affaires, honorant jusqu'à la fin de ses jours, par une vie modeste et ennemie du faste et de l'ostentation, une renommée qui vivra en France autant que ces beaux jours de gloire auxquels il a prêté lui-même un si brillant éclat.

# JULES-CÉSAR.

—

Il est des noms dans l'histoire qui ne cessent de faire palpiter le cœur des peuples, ce sont les noms illustres de ces génies puissants qui ont honoré leur siècle par la richesse de leurs travaux, par le luxe éblouissant de leur gloire. Parmi ces noms héroïques, nous devons placer celui de Jules-César.

César est né à Rome, de Lucius César et d'Aurélia, fille de Costa, sous le consulat de Caïus Marius et de Lucius Valérius Flaccus, l'an 100 avant Jésus-Christ.

Cet homme extraordinaire, qui serait devenu le plus grand orateur et le plus grand écrivain de Rome, s'il n'en eût été le meilleur général, fut proscrit dans sa jeunesse par Sylla; il ne dut la vie qu'à de puissantes protections, et se retira à la cour de Nicomède, roi de Bythinie. César revint à Rome après la mort de Sylla.

D'après le portrait que quelques historiens ont donné de César, le célèbre général se faisait remarquer par la facilité de ses manières et les grâces de son esprit. Sa taille était belle et bien proportionnée. Il avait le visage plein, le teint blanc et des yeux noirs et vifs, d'où jaillissait le feu du génie. L'expression de sa physionomie était majestueuse sans avoir rien de sévère; elle ne peignait pas moins la sensibilité que la grandeur d'âme. Il traitait ses inférieurs avec bonté, ses égaux avec affection.

Personne n'éprouva plus que César cette profonde émotion qui avait troublé le jeune Thémistocle à la vue de Miltiade, vainqueur des Perses : « A l'âge où « je suis, s'écriait César en apercevant à Cadix la « statue d'Alexandre dans le temple d'Hercule, il « avait conquis le monde, et je n'ai encore rien fait « de mémorable. »

César avait quarante ans lorsqu'il sollicita pour la première fois l'honneur de commander les armées de la République. Nommé gouverneur des Gaules pour cinq ans, il se fit proroger dans son gouvernement pour cinq nouvelles années. Dix ans de travaux et de combats immortalisèrent cette guerre, dans laquelle il fit preuve d'une si grande habileté politique et d'un si vaste génie militaire.

En domptant les Gaules, a dit Bossuet, César fit à sa patrie la plus utile conquête qu'elle eût jamais faite.

A l'époque de la conquête des Gaules, la République romaine, si formidable au dehors, perdait insensiblement ce qui lui restait des mœurs de l'ancienne Rome et s'énervait dans le luxe et dans la mollesse. Livrée à des divisions intestines, elle n'était plus qu'un vain fantôme, et devait évidemment appartenir à l'homme de génie qui aurait le courage de faire de son propre nom le nom historique de sa patrie.

Sylla, le premier, avait mis à profit le nouvel esprit imprimé à son siècle ; il avait montré que les Romains, si fiers de leur liberté, pouvaient enfin supporter un maître. Deux guerriers célèbres se présentaient pour imiter l'exemple de Sylla : L'un était le vainqueur des Gaules, et l'autre, Pompée, qui aurait été le plus grand capitaine de Rome, si César n'avait pas existé.

Pompée, jaloux des succès de César, s'oppose à ce qu'il soit de nouveau continué dans son gouvernement, et fait rendre un décret qui le force à se démettre de son commandement. César saisit ce prétexte pour passer les Alpes. Confiant dans l'obéissance de ses soldats, qui s'appellent avec orgueil les vétérans de César, il s'avance rapidement vers Rome. Arrivé sur les bords du Rubicon, le vainqueur des Gaules sent un instant faiblir sa volonté ; mais, triomphant bientôt de cette hésitation injurieuse à sa gloire, il s'écrie en ordonnant à ses légions d'avancer : « Le sort en est jeté ! marchons où la fortune nous conduit ! » Et, les regards tournés vers Rome, il passe le Rubicon.

Pompée, surpris par la marche rapide du vainqueur des Gaules et n'étant pas en position de repousser l'ennemi, s'enfuit de Rome avec une partie du sénat. Ces jeunes patriciens si dissipés, si vains, ces magistrats, ces pontifes, les premiers de Rome par leur naissance, par leurs richesses, loin de se préparer à soutenir l'éclat de leur nom, ces lâches fils d'une patrie glorieuse, redevenus enfants par l'excès de leur affaiblissement sénile, s'avouent vaincus par leurs vices avant d'avoir été battus par les vaillantes légions de César.

Pompée en quittant Rome se dirige vers la Pouille, afin de se dérober aux coups de César. Arrivé à Brindes (1), il ordonne quelques travaux de défense et se prépare à tirer le meilleur parti possible des cohortes qui lui sont restées fidèles.

(1) Brindes, Brindisium, aujourd'hui Brindisi, vulgairement Brindes en français, ville maritime d'Italie, sur l'Adriatique, dans le territoire des Abbruzes ; port célèbre d'où les Romains avaient coutume de s'embarquer pour la Grèce. Elle fut la patrie de Pacuvius et vit mourir Virgile.

César se présente devant Brindes, déploie autour de la ville des forces considérables, très-supérieures à celles de l'assiégé et prend des dispositions si habiles, qu'elles ôtent à l'ennemi tout moyen de défense.

Pompée parvint toutefois à s'échapper de Brindes, et, mettant bientôt la barrière des mers entre César et lui, il va transporter en Grèce le théâtre de la guerre. César, n'ayant pas un assez grand nombre de vaisseaux pour embarquer ses légions, se dirige vers Rome, et, fort de l'autorité de son nom, du prestige de sa gloire, il se fait décerner la dictature.

C'est le propre du génie, après avoir entrepris de grandes choses, de venir à bout des plus grandes difficultés et d'imprimer à la victoire un cachet éclatant. César a compris que les légions nombreuses et innombrables, alliées de Pompée et de ses fils, mettront obstacle au plein exercice de sa puissance aussi longtemps qu'elles ne seront pas définitivement vaincues par les armes et soumises à son joug. Il restait au grand Pompée, l'Espagne et toutes les possessions d'Afrique et d'Asie, c'est-à-dire les parties les plus riches de l'empire et les plus fécondes en ressources de guerre. César emploie quatre années à se rendre maîtres de toutes les provinces occupées par ses ennemis. Il va d'abord combattre et vaincre en Espagne les deux fils de Pompée, et prend ses dispositions pour passer en Grèce. Revenu à Brindes, son impatience ne lui permet pas d'attendre toutes les légions qui le suivent ; il s'embarque dans ce port et aborde aux rivages de l'Épire. Il s'aperçoit bientôt qu'il ne peut rien entreprendre contre un ennemi qui a eu le temps de s'entourer de toutes les forces que les Romains tenaient en Asie, et il se voit forcé d'attendre dans l'inaction le reste de son armée.

L'impatience de César augmente; les légions qu'il avait laissées en Italie ne paraissant point, il se détermine à retourner à Brindes pour accélérer leur départ. Il quitte son camp pendant la nuit, et, déguisé sous le costume d'un esclave, il s'embarque sur un bateau de pêcheur pour se rendre en Italie. Bientôt une tempête horrible soulève les eaux de la mer. Le pêcheur, glacé d'épouvante, laisse échapper le gouvernail de ses mains et se livre à tout l'effroi que lui inspire l'aspect des vagues écumantes qu'il voit fondre de tous côtés sur sa frêle embarcation. Le héros reste calme et inébranlable au milieu de ce bouleversement de la nature. Il croit que les dieux qui lui ont destiné l'empire du monde, ne voudront pas laisser leur ouvrage imparfait ; et s'adressant au pêcheur consterné : « Que crains-tu ? lui dit-il, tu portes César et sa fortune ! »

Cependant le bateau qui conduit César à Brindes, ne pouvant vaincre la violence de la tempête, force le héros romain à regagner les côtes de la Grèce. Il retourne dans son camp, où peu de jours après il voit arriver les légions qu'il atttendait. Il marche alors contre Pompée. Celui-ci, renfermé dans des retranchements, voulant laisser l'armée de César se consumer dans l'inaction et dans le manque de vivres, refuse d'abord le combat. Mais à la fin, pressé par la belliqueuse impatience de ses légions, il est obligé de prendre l'offensive. Ce fut alors que se donna, entre ces deux fiers adversaires, cette fameuse bataille de Pharsale, qui décida de l'empire du monde en faveur de César. Pompée, vaincu sans ressources dans cette bataille, s'éloigne en toute hâte de la Grèce, et court chercher un asile à la cour de Ptolémée, roi d'Égypte. Il s'attendait à trouver un allié fidèle dans ce prince sur la tête duquel, dans des temps meilleurs, il avait remis la couronne. Ptolémée le récompense de ce bienfait par la plus infâme trahison. Croyant s'attirer les bonnes grâces de César, il fait lâchement assassiner Pompée au moment où il débarquait sur les côtes de l'Égypte. En ordonnant cet assassinat, Ptolémée avait mal jugé le vainqueur de Pharsale. Arrivé à Alexandrie, à la suite de son rival, César recule d'épouvante à la vue de la tête sanglante de Pompée, qu'on osait lui présenter comme un trophée de sa victoire, et rempli de la plus vive indignation, il traite Ptolémée avec tout le mépris que lui inspirait l'horrible forfait qu'il venait de commettre.

Ptolémée, se trouvant placé par cette conduite, entre le remords d'un crime inutile et la présence d'un héros qui s'est établi le juge de ses actions, entreprend de se venger avec l'arme des lâches. Il tend des embûches à César et soulève contre lui la population d'Alexandrie. Le vainqueur des Gaules éprouve quelques difficultés au début de cette campagne, mais ayant réuni ses braves légions, il triomphe sans peine de Ptolémée, qui meurt pendant l'action, en voulant traverser un bras du Nil à la nage. César, maître de cette partie de l'Égypte, tourne ses armes contre Pharnace, roi du Pont.

Ce prince avait voulu profiter des guerres civiles des Romains pour recouvrer les États que son père Mithridate avait possédés en Asie. L'expédition contre Pharnace est si prompte et le succès si rapide, que César en rend compte au sénat de Rome par ces trois mots si célèbres, et que la postérité a recueillis comme une des plus belles inspirations du génie : « Je suis venu, j'ai vu, j'ai vaincu. » La guerre d'Alexandrie et l'expédition contre Pharnace avaient donné le temps au parti de Pompée de renaître de ses cendres. Scipion commandait les forces que ce parti avait eues en Afrique. De leur côté, les fils de Pompée avaient remis l'Espagne sous leur domination. César va combattre Scipion, dont l'armée déjà assez nombreuse pour lutter avec avantage a été augmentée de toutes les forces de Juba, roi de Numidie. Le vainqueur de Pompée, en débarquant en Afrique, se réjouit à la vue des nombreux obstacles qu'il est appelé à surmonter. Au lieu de chercher à les dissimuler, il saisit cette occasion d'inspirer une nouvelle audace aux vieux compagnons de ses exploits. De tels hommes, conduits par un semblable chef, en marchant au combat marchaient en même temps à la victoire. Scipion et son allié sont vaincus, et toute l'Afrique est soumise à César.

Parmi les événements de cette guerre, on ne doit point oublier la mort de Caton d'Utique, l'homme le plus vertueux, peut-être, de l'ancienne Rome, et qui, après la défaite de Scipion, se poignarde de ses propres mains, ne voulant point survivre à la destruction de la liberté et de sa patrie. La mort de Caton excite dans l'âme de César ce regret magnanime : « Ah ! Caton, tu as poussé la haine contre moi jusqu'à m'envier la gloire de te conserver la vie. » César porte de nouveau ses armes en Espagne, et les dangers qu'il court à la bataille de Munda sont si grands qu'il s'écrie au plus fort de la mêlée : « Jusqu'à pré-« sent je m'étais battu pour la gloire, mais ici je « combats pour la vie. » La soumission de l'Afrique et de l'Espagne détruit en entier le parti de Pompée, et ne laisse plus à César aucun ennemi à combattre. Il se rend à Rome. Son intention n'était pas d'y vivre dans le repos. Ses actions immortelles, qui auraient suffi pour éterniser la vie de plusieurs hommes célèbres, ne lui paraissent point assez grandes pour illustrer son nom. Il faut à ce front puissant et victorieux la couronne de lauriers, et le sénat de Rome le proclame empereur. Ce héros couronné s'apprête à porter la guerre dans l'empire des Parthes pour y reprendre les aigles que Crassus avait perdues à la bataille de Cannes. Mais la mort vint le frapper au milieu du sénat (15 mars de l'an 144 avant J.-C. ) Parmi les principaux conjurés se trouvent Cassius et Brutus qu'il avait comblés de bienfaits. C'est une vie remplie de glorieux exemples que celle de César, dont la renommée n'a rien eu à souffrir de la progression du temps et du jugement des hommes. Lorsqu'on étudie attentivement cette grande figure historique, on est saisi d'une vive admiration à la vue de ce héros qui prend à tâche, lui, le premier chef de la première armée du monde, de dégager Rome des souillures du passé et de l'élever assez haut pour qu'elle puisse se contempler dans l'éclat de sa propre grandeur.

En effet, à la voix de César les haines s'apaisent, les statues de Pompée se relèvent et ses partisans sont comblés de bienfaits. La politique de Rome se fait oublieuse et clémente. Ses rivales, si longtemps abaissées, Capoue, Corinthe, Carthage, sortent de leurs ruines et se peuplent de citoyens romains. César ne veut pas, comme l'a dit un historien, que la ville éternelle continue à peser sur les populations vaincues : il veut qu'elle devienne la tête, le cœur, la capitale du monde conquis par ses légions. Un seul code des lois régiera l'univers. Par ses soins, des travaux gigantesques se préparent : il médite le dessèchement des marais Pontins, le redressement des grands fleuves, le percement de l'isthme de Corinthe, le creusement d'un vaste port pour recevoir toutes les flottes du monde. Les arts, les sciences, les lettres vont jeter un immense éclat. Après avoir indiqué les campagnes de Jules-César, nous allons parler de ses rares mérites comme homme d'État, et nous croyons le moment venu de dire quelques mots de son génie militaire et de son talent d'écrivain.

Comme homme de guerre, Jules-César se montre constamment aussi habile ingénieur que grand général. Doué de connaissances solides et étendues, d'un coup d'œil juste et d'un esprit prévoyant, il sait apporter dans l'exécution de ses plans autant de prudence que d'activité. Grand dans ses idées, plus grand encore dans ses actions, Rome l'admire et le craint ; il réussit toujours parce qu'il ne fait jamais de fautes ; il voit tout et prépare tout. Dans son armée, c'est le plus courageux soldat ; dans son conseil, c'est la meilleure tête. Tous ses combats finissent par des victoires. Ses victoires sont autant de pas qu'il fait vers la grandeur. Il profite de tout parce qu'il n'oublie rien. Il sait vaincre, il sait encore mieux gouverner. Ses vertus ne laissent pas apercevoir ses vices. Plus on l'examine, plus on l'admire. Il est enfin ce que devait être le maître de Rome, puisque Rome devait en avoir un.

Comme écrivain, César a transmis à la postérité l'histoire de ses immortelles campagnes. Le chevalier d'Arc, dans son *Histoire générale des guerres*, a dit en parlant des Commentaires : « César est sans con-

« tredit le plus grand général qui ait existé, mais
« de tous les auteurs militaires, c'est le plus difficile
« à entendre par les gens éclairés, et le plus impé-
« nétrable à ceux qui ne le sont que médiocrement.
« Il écrivait dans un siècle où la science militaire
« était portée au plus haut degré : il concevait nette-
« ment et s'imaginait que le récit pur et simple de ses
« opérations suffisait pour en développer les motifs. Il
« n'était alors que le premier parmi ses rivaux et ne
« songeait pas qu'il deviendrait un phénomène pour
« la postérité. »

Il est temps d'achever notre essai sur la vie de César. Le héros romain n'est pas seulement un grand
capitaine et un homme politique de premier ordre ;
c'est encore le réformateur éclairé, maintenant l'o-
béissance, corrigeant les excès, poursuivant de ses
lois implacables les concussionnaires. En régnant
sur son temps par l'autorité du génie et de la puissance, César, ce dominateur éloquent de toutes les
volontés, songeait à l'avenir, à la durée de son
œuvre, à ce que les siècles diraient d'elle. Il voulait
que la grande époque qu'il honorait de sa gloire fût
nommée de son nom. Ce qu'il voulait, Dieu l'a voulu.
César, ce possesseur durable de l'admiration des
peuples, n'a pas cessé de vivre parmi les grandeurs
qui portent avec elles l'empreinte de l'immortalité.
Le génie de la guerre avait pris plaisir à former le
vainqueur des Gaules : son héroïsme, sa vaste intel-
ligence, ses actions extraordinaires, la profondeur de

ses plans, l'éclat de ses succès, seront éternellement
le commentaire le plus instructif qu'on puisse indi-
quer aux hommes studieux pour apprendre l'art militaire appliqué à l'antiquité, la gloire appliquée à la
civilisation.

# TABLE DES MATIÈRES.

---



FIN DE LA TABLE DES MATIÈRES.


Paris. — Typographie de Gaittet et Cie, rue Gît-le-Cœur, 7.

PARIS. — IMPRIMERIE DE GAITTET ET Cie, RUE GIT-LE-COEUR, 7.